大学生就业核心竞争力的影响因素及影响效应研究

张军芳◎著

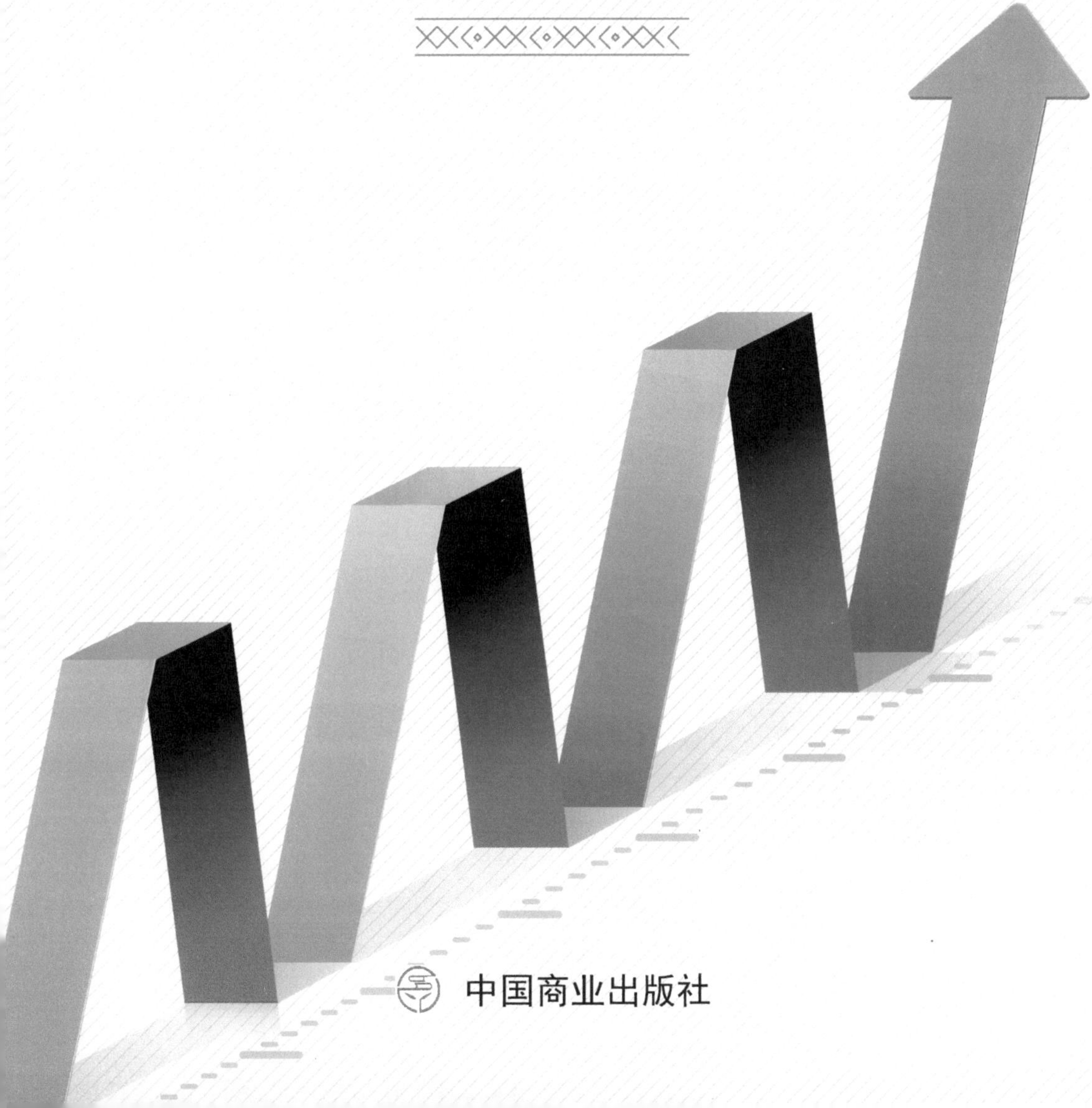

中国商业出版社

图书在版编目（CIP）数据

大学生就业核心竞争力的影响因素及影响效应研究 / 张军芳著. -- 北京 ： 中国商业出版社， 2023.12
ISBN 978-7-5208-2788-1

Ⅰ. ①大… Ⅱ. ①张… Ⅲ. ①大学生—就业—核心竞争力—研究 Ⅳ. ① G647.38

中国国家版本馆 CIP 数据核字 (2023) 第 243226 号

责任编辑: 许启民
策划编辑: 武维胜

中国商业出版社出版发行
（www.zgsycb.com 100053 北京广安门内报国寺 1 号）
总编室：010-63180647 编辑室：010-83128926
发行部：010-83120835/8286
新华书店经销
河北领秀数字印刷有限公司印刷
*
787 毫米 ×1092 毫米 16 开 10.75 印张 165 千字
2023 年 12 月第 1 版 2023 年 12 月第 1 次印刷
定价：59.00元
* * * *
（如有印装质量问题可更换）

前 言

就业，事关经济社会发展全局，事关广大人民群众的根本利益，是民生之本、稳定之基。劳动力就业率是衡量国家经济发展水平和人民生活水平的重要指标。对于大学生来说，为了能在激烈的就业竞争中脱颖而出，找到一份满意的工作，提升自身的就业核心竞争力是至关重要的。大学生就业核心竞争力是通过学习、实践和生活经历获得的，是一种独特的、可持续发展的、不易被模仿和替代的资本，能为大学生带来持续的竞争优势。在数字化时代，数字素养是促进大学生就业核心竞争力提升的关键因素，关系着大学生终身学习理念的养成和就业技能的发展，对大学生就业有着极大的影响。

当前，数字素养已成为数字时代人才必备的关键技能之一。2021年11月5日，中央网络安全和信息化委员会发布的《提升全民数字素养与技能行动纲要》提出，要把提升全民数字素养与技能作为建设网络强国、数字中国的一项基础性、战略性、先导性工作，并提出了“到2025年，全民数字化适应力、胜任力、创造力显著提升，全民数字素养与技能达到发达国家水平”和到“2035年，基本建成数字人才强国”的发展目标。作为未来数字工作、数字创新的主体，大学生的数字素养与技能的培育是实现这一数字人才强国战略目标的关键一环。

鉴于此，笔者以数字素养为切入点，撰写了本书。本书将大学生数字素养与就业核心竞争力纳入同一分析框架，分别从直接影响和间接影响两个角度，丰富和发展了数字素养与就业核心竞争力的研究内容，系统地分析了大学生数字素养对就业核心竞争力的作用，为数字经济时代高校促进大学生就业核心竞争力培养模式的改革、培养方案的制订奠定了理论基础。

本书在撰写的过程中参阅了许多有关大学生就业核心竞争力和数字素养方面的著作，同时也引用了许多专家和学者的研究成果，在此表示最诚挚的谢意！由于时间仓促，加之笔者水平有限，错误和不当之处在所难免，恳请广大读者在使用过程中多提宝贵意见，以便本书日后的修改与完善。

张军芳

2023年7月

目　录

第 1 章　绪论

数字技术的快速发展对大学生的数字素养提出了较高的要求，大学生个体的数字素养是影响其高等教育阶段和终身学习成就的关键因素。数字时代对大学生数字素养的要求主要体现在三个方面。第一，要求大学生掌握更多的数字化工具。一般的数字化工具（如搜索引擎等）已经不能满足大学生的学习需求，大学生需要掌握学习管理平台、文字处理工具、演示工具、统计分析工具、可视化工具、视频剪辑工具、在线协作工具、时间和任务管理工具、文献管理工具等专业的数字化工具，以获取学习资源、进行探究式学习、交流与协作、创作与实践、自我测评以及获得学习反馈。第二，大学生不仅需要掌握信息查找、获取、管理或利用的技能，而且还需要培养对各种数字化工具的意识、知识和态度，使其与数字化工具形成一种批判性的自治关系。第三，强调大学生将数字素养运用到具体的生活、工作、学习和创新场景中。有研究者提出，参与数字文化建设与实践是培育大学生数字素养的关键，数字素养的研究需要实现从关注特定技能转向注重特定情境。从这一视角出发，许多研究者关注大学生群体在特定数字化情境下的数字就绪度，数字就绪度主要包括数字获得感、数字素养、数字参与三个方面。其表现形式主要体现在在线学习场景、移动学习场景、非正式学习场景等。

数字素养是促进大学生就业核心竞争力提升的关键因素，关系着大学生终身学习理念的养成和就业技能的发展，对大学生就业有着极大的影响。另外，个体所拥有的积极心理资源，是激发个体主动性和创造力，提升个体竞争优势的核心要素。本书旨在探讨如何提升大学生的就业核心竞争力，主要以河北省为例，研究大学生数字素养对就业核心竞争力的影响，了解大学生的心理资本在数字素养与就业核心竞争力关系中的中介作用，以及大学生的社会支持在数字素养与就业核心竞争力关系中的调节作用，并结合实证分析的结果，提出合理化建议。第1章共分五节，1.1节为研究背景与动机、1.2节为研究目的与研究问题、1.3节为名词解释、1.4节为研究意义、1.5节为研究创新。

1.1 研究背景与动机

就业是民生之本，关系着国家的长远发展和社会的安定和谐。劳动力就业率是衡量国家经济发展水平和人民生活幸福水平的重要指标。从总体上来看，我国的就业形势依然十分严峻，主要表现在以下两个方面。

第一，就业人数总量持续攀升，供需矛盾依然存在。我国是一个人口大国，每年新增劳动力人口和累计待就业人口数量众多。城镇新增劳动力就业（包含大学生）、下岗失业工人再就业、进城农民工三股就业力量结合，构成了我国就业人群“三峰叠加”的趋势。在城镇新增劳动力中，高校毕业生是最大的就业群体。近年来，全国高校毕业生人数持续增长，从2020年的874万人增加到2022年的1076万人，教育部最新统计显示，2023年高校毕业生规模预计达1158万人。除了高校毕业生之外，下岗工人再就业人口和农民工就业人口也不容小觑。总而言之，在就业劳动力的供给方面，就业供给总量还在逐年增多，就业压力大。而在就业需求方面，全社会能够为就业人员提供的就业岗位却是十分有限的，这就必然导致了就业的供求矛盾。

第二，就业结构性矛盾逐渐显现，总体就业压力大。虽然我国就业人数总量多、压力大，但是目前乃至未来一段时期制约我国就业的最大矛盾仍然是就业的结构性矛盾。进入21世纪，基于计算机与互联网的大数据、物联网、云计算、人工智能、区块链、量子信息等前沿技术正在以前所未有的速度催生新工艺、新模式、新业态，我国积极在危机中育新机、抢先机，加速推进产业结构转型升级，由此也造成了大批“关停并转”产业人员的转岗、待岗、下岗与“数字经济”“智能制造”等战略性新兴产业人员需求激增并存的局面。2021年，时任人力资源和社会保障部部长的张纪南在介绍当年就业形势时指出，结构性矛盾仍然突出，就业难和招工难并存。就业的结构性矛盾在高校毕业生中体现得尤为显著，不是高校毕业生找不到满意的工作，就是用人单位招聘不到合适的人选，导致大学生“就业难”的问题越发严峻。

在河北省，高校毕业生人数也在不断增加，2021年河北省共有129所高等院校，其中普通本科学校有58所，高校普通本科毕业生数量约为19.85万人。与此同时，产业转型升级、技术进步对劳动者技能提出更高要求，“就业难”与“招工难”并存，结构性就业矛盾更加突出，高校毕业生规模性失业风险依然存在。因此，本书认为数字经济时代如何实现大学生充分就业应备受业界的关注和重视。

大学生就业核心竞争力是通过学习、实践和生活经历获得的，是独特的、可持续发展的、不易被模仿和替代的一种资本，它能为大学生带来持续的竞争优势。江雪儿将高职大学生就业竞争力划分为基础竞争力（身心素质、语言表达、求职技巧、团队合作等）、核心竞争力（道德品质、专业技能与知识、持续学习能力、开拓创新能力等）和环境竞争力（学校、家庭、社会条件等）三个组成部分，并运用层次分析法得出高职大学生就业竞争力一级维度的权重：基础竞争力的权重值为0.2266，核心竞争力的权重值为0.5440，环境竞争力的权重值为0.2487，其中就业核心竞争力所占权重值最高。由此可见，在激烈的就业竞争中，大学生核心竞争力逐渐成为大学生职业发展的核心元素。在“就业难”问题不断加剧的社会背景下，大学生就业核心竞争力的提升成为提高大学生就业率与就业质量的关键要素，培养大学生核心竞争力成为大学生就业工作的重要环节。因此，必须重视培养和提升大学生的就业核心竞争力。综上所述，大学生就业核心竞争力的培养应该受到当今教育界的高度重视，因而有必要对就业核心力的影响因素、形成过程等进行深入分析深究。

随着新一代信息技术全面融入社会生产生活，以数字技术为标志、以知识资源为依托的数字经济成为重塑全球格局的核心动能，产业数字化和数字产业化也成为当今社会的主要特征，人类95%以上的信息都是以数字形式存储、传输和使用的。数字经济正促使全球加速步入数字化社会，数字化社会全方位地重构了人们生活的社会空间，社会的各个领域、各个角落都发生了变化，数字素养已成为数字化社会公民生存的基本能力。数字素养是在媒介素养、计算机素养、信息素养和网络素养等概念基础之上逐步形成的一个多维的概念，是数字时代个体不可或缺的“生存技能”。结合文献可以发现，在影响大学生就业核心竞争力的因素中，数字素养是重要因素之一。

以往的研究主要涉及大学生数字素养与就业核心竞争力之间的关系、网络文化视角下的大学生心理资本研究、心理资本与就业核心竞争力的关系、社会支持与就业核心竞争力的关系。但对于大学生数字素养、心理资本、社会支持和就业核心竞争力之间是如何相互影响的，三者是如何对就业核心竞争力产生作用的尚没有深入的研究。而大学生数字素养通过心理资本的中介作用或社会支持的调节作用，对其就业核心竞争力产生影响更是学界的空白领域。因此，本书欲通过实证调查的方法，探讨河北省大学生数字素养如何通过心理资本进而影响其就业核心竞争力，以及个体因素（数字素养）与外部情境因素（社会支持）如何相互协调干预从而影响大学生的就业核心竞争力，以期明确高校的教学方向及就业指导工作，帮助在校大学生审视自我，查漏补缺，进而提升其就业核心竞争力。

综上所述，本书以河北省大学本科生为研究对象，以大学生数字素养通过心理资本的中介作用和社会支持的调节作用对自身就业核心竞争力产生影响为研究重点，提出研究目的与研究问题。

1.2　研究目的与研究问题

本书在文献分析的基础上，梳理出目前研究的不足，对大学生就业核心竞争力进行进一步研究。本书的研究目的一是对河北省具有代表性的高等学校的大学生进行调查，研究人口统计变项（性别、年级、专业、家庭常住地、父母受教育程度）在数字素养、心理资本、社会支持、就业核心竞争力上存在的差异；二是研究数字素养、心理资本、社会支持、就业核心竞争力四者之间的关系；三是研究心理资本在数字素养与就业核心竞争力之间的中介作用机制；四是研究社会支持在数字素养与就业核心竞争力之间的调节作用机制。

基于上述研究目的，本书拟对以下六个主要问题做进一步探讨。

①探讨各背景变项（性别、年级、专业、家庭常住地、父母受教育程度），在大学生数字素养、心理资本、社会支持、就业核心竞争力上存在的差异。

②探讨大学生数字素养对就业核心竞争力的影响。

③探讨大学生数字素养对其心理资本的影响。

④探讨大学生心理资本对其就业核心竞争力的影响。

⑤探讨大学生心理资本在数字素养与就业核心竞争力之间的中介作用。

⑥探讨大学生社会支持在数字素养与就业核心竞争力之间的调节作用。

1.3　名词解释

本节重点对大学生的数字素养、心理资本、社会支持、就业核心竞争力的名词进行解释。

1.3.1　数字素养

互联网、大数据、云计算及人工智能等技术的普遍使用，建造了一个数字化的信息空间，逐步地改变了人们的生活方式。为了应对数字化时代的巨大挑战，数字素养逐步成为21世纪公民必备的基本能力之一，提升现代公民的数字素养已经刻不容缓。

目前，我国数字素养教育正处于快速发展阶段，但其实许多教育者和研究者都对其概念不是十分明确，常常与媒介素养（Media Literacy）、技术素养（Technological Literacy）、信息素养（Information Literacy）的概念相混淆。在此，从多个角度阐述几者之间的异同，进一步加深人们对数字素养内涵的理解。

1.3.1.1　媒介素养

早在1933年，英国学者利维斯（Leavis）和他的学生就提出“媒介素养”一词。当时正处于文化产业急速发展时期，电影、小说、报纸等流行文化传播形式在欧洲盛行，这一现象导致媒介环境逐渐变得复杂，对社会产生了一些不良影响。于是，利维斯通过批判性思维对这种现象进行分析，出版了《文化和环境：批判意识的培养》一书，阐述了媒介素养教育。1992年，阿斯彭研究所在美国召开“全国媒介素养领导人会议”，学者们针对媒介提出了不同的定义，经过激烈争论之后，会议决定保留媒介素养的说法，并将其定义为“多种形式下对媒介的接触、分析、评价和制造的能力”。2001年，美国媒介素养联盟对“媒介素养”

的定义是：利用越来越广泛的图像、语言和声音等媒介信息，使人们成为具有批判意识的思考者和具有创新性的创造者。

基于以上这些定义，媒介素养可以被描述为：个人以批判的视角解读从媒介元素接收到的信息，并且赋予其个人意义并创造新信息的能力。由此可见，媒体素养是一个涵盖了批判性思维技能的概念，关于媒体素养的描述也包括了解释和分析等批判性思维技能。

1.3.1.2 技术素养

技术素养在国内外教育界都是一个被大家所熟知的话题。1985年，美国科学促进会（AAAS）制定了一份名为《2061——面向全体美国人的科学》的纲领性文件，其中将“意识到数学、技术和科学相互依赖的某些重要方式，以及知道数学、技术和科学是人类事业，知道其长处和局限”等与技术方面有关的内容列入科学素养的范畴。1996年，美国国际技术与工程教育协会（ITEEA）正式出版了《技术学习的原理和结构》，其中将技术素养定义为“使用、管理和理解技术的能力”。2003年，我国教育部出台了《普通高中技术课程标准（实验）》，其中将技术素养定义为“理解、使用、管理和参与技术的能力”。

根据以上这些定义，可以将技术素养看作对技术进行使用、管理及理解所必需的基本知识与能力，关注人们对技术知识和技能的学习，要求理解技术之中的深层含义。

1.3.1.3 信息素养

早在1974年，当时美国信息产业协会主席保罗·车可斯基（Paul Zurkowski）就已提出了“信息素养”一词。他认为，信息素养就是通过使用大量的信息工具和信息资源使问题得到解决的技术。这一概念与图书检索技术密切相关，目的是提高公众对电子邮件、数据分析及图书馆网络的操作能力。1996年，美国南部学院与学校协会的学院委员会将信息素养定义为“具有确定、评价和利用信息的能力”。后来，联合国教科文组织（UNESCO）把“信息素养”定义为一种能力，即能够确定、查找、评估、组织和有效地生产、使用和交流信息，并解决面临问题的能力。

根据以上这些定义，我们可以知道信息素养突出了信息查找能力和有效使用信息的能力，重视个体在收集信息能力的基础上，能否有效地鉴别信息并进行批判性思考的能力。这是一种个体对目前任务需要什么样的信息、在何处获取信息、如何获取信息、如何加工信息、如何传播信息的意识和能力。

1.3.1.4 数字素养

1994年，以色列学者约拉姆·艾希特-阿尔卡莱（Yoram Eshet-Alkalai）最早提出“数字素养”的概念，较完善的定义则在学者吉尔斯特（Gilster）的著作《数字素养》中第一次出现。大多数研究者将“数字素养”视为内涵较广的新概念。之后，欧盟、英国联合信息系统委员会（JISC）、美国图书馆协会（ALA）、国际图书馆协会联合会（IFLA）、美国新媒体联盟（NMC）、联合国教科文组织等行业机构或个人从不同角度提出自己的理解。各学者组织对数字素养的定义汇整见表1-1。

表1-1 各学者组织对数字素养的定义汇整表

定义机构或个人	数字素养的定义
吉尔斯特	理解并读懂通过电脑显示的各种数字资源及信息真正含义的能力
欧盟	涵盖信息素养、媒介素养、网络素养和计算机或信息通信技术素养等方面
英国联合信息系统委员会	个人在数字社会中生存、学习及工作所需的能力，包括利用数字工具开展学术研究、撰写报告及批判性思考等能力
欧盟	在工作、就业、学习中，能够自信、批判和创新性地使用信息技术的能力
美国图书馆协会	运用信息与通信技术发现、评估、创造并交流数字信息的能力
国际图书馆协会联合会	具备数字素养意味着可以在高效、有效、合理的情况下最大限度地利用数字技术，以满足个人、社会和专业领域的信息需求

（续表）

定义机构或个人	数字素养的定义
美国新媒体联盟	聚集未来数字环境，在实践中能够运用复杂数字技能、多重分析意识和创新性思维解决问题的必备技能
联合国教科文组织	使用数字媒体、信息处理和检索所需的一套基本技能，使人们能够参与社交网络，创造和分享知识

资料来源：本书整理。

除此之外，鲍登（Bawden）认为，数字素养更关注电子资源方面的能力，必须包含所有基于技能的知识，但又不能仅限于此，是一种综合素养能力。具备数字素养的人应具备的基本技能包括基本的计算机操作、有效的搜索、识别和评估信息、选择合适的技术工具或功能来解决问题的能力，以及在数字增强的环境中保护自己不受伤害等。

在国内，王佑镁等人通过对信息素养、媒介素养等相关素养与数字素养概念的梳理，提出数字素养是经其他相关素养流变所形成的一种综合性概念。程萌萌等人认为，数字素养是有效地、批判地从一系列来源中获取和评估信息，并且在此基础上使用工具和资源创造新的知识的能力。施歌认为，数字素养是指人们在工作、学习、休闲以及社会参与中适当运用数字化手段识别、理解、创建、交流、批判信息并解决问题的能力和态度。李德刚认为，数字素养比传统的媒介素养涵盖范围更广泛、内容更丰富，是指在数字环境中通过技术手段对数字化内容的认知、分析以及运用整合并进行传播和交往的能力。凌征强认为，数字素养是一个综合性的概念，是人们能够自信地使用数字通信技术、批判性地检索和利用数字资源、自由地参与数字社会活动的综合能力，是经过计算机素养、数据素养、媒介素养、信息素养、网络素养等若干素养的流变所形成的。耿荣娜认为，数字素养是人们批判性地使用数字技术，对数字资源进行获取、理解、交流、整合与创作，并具备安全意识与文化素养的综合能力。

根据以上这些定义，我们可以看到数字素养不仅强调培养个体多维思考能力，而且对个体的批判思维能力和创新能力提出了较高的要求，还要求个体注重知识共享和数字文化交流。

通过对四种素养分别进行概念阐述，可以发现媒介素养与数字素养都提出了对个体思辨能力与批判性思维能力的培养，其中数字素养特别强调了对个体学习创新能力的培养。信息素养、技术素养突出强调了对个体信息及数据收集处理的能力，而数字素养强调的是使用数字工具，关注的是个体在处理数字信息基础上对信息进行评价的水平。

每种素养的内涵都随着时代的变迁而与时俱进，但没有任何一种素养是可以完全适用于所有个体的。相对来说，诞生于数字时代的数字素养更加符合当前个体的生活及学习，它具有跨学科性和整合性的特征优势。

1.3.2 心理资本

传统心理学关注人在成长和发展过程的消极方面，比如人存在哪些心理问题、如何预防和消除等。与以问题为导向的传统心理学不同，20世纪末，美国心理学家共同创立了积极心理学，强调心理学不仅要研究人的消极方面，人类潜能和发展的积极方面也需要受到重视。积极心理学的诞生与发展，将现代心理学的研究引向一个全新的方向。

积极心理学主要采用科学的研究方法，了解个体生活的积极方面，它以美德和潜能为研究对象，注重个体的主观幸福感及身心健康。积极心理学强调积极情绪体验和追求生命意义的重要性，主张解释心理活动或心理发展规律时，多关注个体的韧性、优秀的品质、拥有的资源和能力，强调利用这些积极因素来提高个体的生活质量。心理资本是积极心理学的重要研究领域，它主要关注的是个体具有哪些积极的心理品质以及这些积极因素是如何对个体行为产生影响的。

心理资本的概念最早出现于经济学、投资学和社会学等文献中。经济学家戈德史密斯（Goldsmith）在1997年最早提出了“心理资本”这一概念。他认为，心理资本是个体在成长过程中逐渐形成的性格特征，这些特征相对稳定，能影响个体的工作效率，还会对个体的工作态度与动机发挥作用。

心理学家赛利格曼（Seligman）从资本的角度定义心理资本，提出凡是能推动个体积极行为的心理因素都可以归入资本的范畴，且这部分心理因素可以在一定程度上促进企业和社会的发展。

美国学者霍森（Hosen）通过对心理资本的研究提出，心理资本是个体具备的一种基础性的内在能力，它需要个体通过不断地自我投资来获得，具体包括自我认知、对外交流、情绪管控等综合能力。

管理心理学家路桑斯（Luthans）结合积极组织行为学、积极心理学等理论对心理资本的概念进行了系统阐述，认为心理资本反映了个体的积极心理状态，这种状态会对个体的工作表现、工作绩效产生显著影响。

路桑斯、约瑟夫（Youseef）等人认为，心理资本是指个体在成长过程中表现出来的积极心理状态，该状态体现为希望、韧性、自我效能和乐观四个方面。

综上所述，心理资本概念的发展概况见表1-2。

表1-2 心理资本概念的发展概况

领域	代表人物	概念
经济学	戈德史密斯	是指能够影响个体生产率的个体特征，这些特征反映了个体的自我观点或自尊感
心理学	塞利格曼	推动个体实施积极行为的心理因素
心理学	霍森	是个体具备的一种基础性的内在框架，需要个体通过不断地自我投资来获得，其中包括自我认知、对外交流、情绪管控等综合能力
组织行为学	路桑斯	是一种积极的心理状态，作为非物质资本对个体的影响作用要强于人力和社会资本
组织行为学	路桑斯、约瑟夫等人	是指个体在成长过程中表现出来的积极的心理状态，包含自我效能、韧性、希望、乐观四类内容

资料来源：岳星.大学生心理资本与学业成就关系研究[D].太原：山西财经大学，2020.

根据上述内容可以发现，学术界对于心理资本的概念还没有定论，按照对心理资本解读侧重点的不同，可以将观点分成以下三类。

第一类：特质论，认为心理资本是一种个体成长过程中逐渐形成的相对稳定的性格特质。例如，赵富强、陈耘等人认为，心理资本是一种个体特质，研究了心理资本作为调节变量，通过家庭—工作促进对工作绩效的影响。

第二类：状态论，认为心理资本是个体具备的一种积极的心理能力或状态，可以在一定程度上提升个体的行为表现和工作绩效。持状态论观点的学者认为，心理资本是一种积极的心理状态，不同的内心情感会影响个体的绩效、归因等诸多方面。熊俊梅等人在家庭研究视角下，探究累积风险与青少年心理健康的关系，并将心理资本定义为一种积极心理的状态，以降低家庭对于青少年的不利影响。

第三类：综合论，认为心理资本既是一种相对稳定的内在特质，又反映出个体的积极心理状态。持综合论观点的学者认为，心理资本虽然有相对稳定的特质性，但也可以凭借外在手段进行干涉。花慧等人探讨了大学生心理资本、心理压力以及学业绩效三者间的影响机制，发现心理资本在二者之间起完全中介作用，且不同压力条件下也不相同。同时，他们提出，心理资本是积极的个体资源，一方面可以作为积极性的要素帮助个体做出积极的行为；另一方面能够视作资源，每个个体所具有的心理资本存在质与量的差异。

本书将采用路桑斯综合论的观点对心理资本进行定义：心理资本是指个体在成长过程中表现出来积极的心理状态，该状态具体表现为希望、韧性、自我效能和乐观四个方面。心理资本既具备特质性，又含有状态性，既能保持相对稳定，又可以通过学习得以发展。

1.3.3 社会支持

社会支持的最初研究可以追溯至20世纪60年代。1976年，学者卡塞尔和科布（Cassel & Cobb）在精神病学文献中首次将社会支持作为一个专业的心理学概念提出。从目前已有的研究来看，国外学者基于不同的理论视角对社会支持进行了定义。

从功能角度来看，根据社会支持所产生的不同作用，对其进行分类。科恩和威利斯（Cohen & Wills）指出，社会支持主要包括物质支持或工具性支持、情感支持、信息支持、陪伴支持四个方面。威尔曼（Wellman）采用因子分析方法，提出社会支持具备情感支持、服务支持、经济支持、陪伴支持几方面的功能。

从主观角度来看，按照个体的主观感知来定义社会支持的具体内容。萨拉森（Sarason）等人的研究指出，社会支持是一种客观存在，是个体可以真实感知的一些外在因素。萨拉森还提出社会互动理论，用于定义社会支持。个体可以在适当的时候获得帮助，在与他人交流以及互动的过程中被接受。

从客观角度来看，说明社会支持是客观存在的，是一种特定的行为、具体的信息、人际关系。科布表示社会支持是那些导致某人相信自己被关心、被关爱、有自尊、有价值的信息。卡恩（Kahn）提出，社会支持在人际交往中尤为重要，社会支持可以呈现别人对自己的情感协助。

在我国，社会支持作为一个重要的环境因素被广泛地关注。肖水源和杨德森将社会支持划分为三个维度：第一维度是主观支持，也就是个体感受到的来自他人精神层面的支持。第二维度是客观支持，也就是物质方面的援助与救济，包括但不限于金钱、物品等。第三维度是对社会支持的利用程度，事实上并非人人都能充分利用社会支持带来的资源，有些人甚至会拒绝他人的帮助。李强所认为的社会支持是建立在个体与他人的相互作用中，是在作用产生时外界给个体的影响和感受。这种支持对个体的益处颇丰，如会使个体更好地融入外界环境，逐步提高自己的适应能力，舒缓紧张情绪，降低挫败感和疲惫感，还能够在一定程度上降低个体的应激反应。陈成文对社会支持的界定更具灵活性，他认为这种支持不是个体的强制行为，而是具有选择性，对于弱势群体的作用更明显。这种支持既需要一定的人际联络网作为支撑，也要有内在精神和外在物质的实际给予。程虹娟等人将社会支持的概念归纳为以下三种：社会支持是人与人之间的双向互动关系（从社会互动的关系来定义）；社会支持是一种促进人类发展的力量或因素，是一种促进事物发展的行为或过程（从社会行为的性质来定义）；社会支持是施受两者之间所互换的社会资源（从社会资源的作用来定义）。解金娜等人指出，社会支持这种外在力量能够影响个体心理健康和生命质量。

综上所述，学者们从不同的研究视角定义了社会支持。本书采用肖水源和杨德森对社会支持的定义，认为社会支持由主观支持、客观支持和对支持的利用程度构成。社会支持是个体能够有效利用的来自外界不同方面的给予和帮助。

1.3.4 就业核心竞争力

“核心竞争力”（core competence）这一术语是1990年由美国密歇根大学商学院教授普拉哈拉德（Prahalad）和伦敦商学院教授哈默尔（Hamel）提出的，他们在《哈佛商业评论》上共同发表的论文设计《企业核心竞争力》中首次提出这一概念。两位学者认为，核心竞争力是指以技术能力为核心，经过长时间的学习而积累起来的，难以被竞争对手模仿，能够使企业在持续竞争中获得先机和优势的一种能力，它能为企业带来超额的利润。而个人核心竞争力理论则是企业核心竞争力理论与教育成功学理论相结合的产物，是指不易被竞争对手效仿的，具有竞争优势的、独特的知识和技能。个人核心竞争力的强弱决定了一个人能否很好地在社会中生存和适应，是否拥有出色的创造能力和发展能力，这是个体能否在社会中安身立命的根本。张小刚认为，个人竞争力由人格魅力、学习能力、创新素质、实践能力和身体素质构成，其最直接的表现就是个体在企业或者社会上受人才需求方重视和欢迎的程度。随着相关研究的深入，大学生就业核心竞争力逐渐成为研究热点。目前，学者们对大学生就业核心竞争力的界定主要分为以下几种。

1.3.4.1 可持续发展观

刘珺将就业核心竞争力定义为：求职者将所学的知识和技能内化后，在就业市场上所拥有的有价值的、独特的、不易被竞争对手模仿和替代的竞争能力。这一能力能够使求职者相对于其他竞争对手更加有效地向就业市场提供自己的服务，成功地获得自己满意的职业，并能在所选职业中获得可持续发展。郭志林将大学生就业核心竞争力定义为：高校大学生在校期间历经知识的积累、素质的培养及实践的经历，所获得的具备自主开发及能动挖掘的、可持续发展的、异于别人的、独特的隐性潜能或素质。

1.3.4.2 知识技能观

王雪飞等人认为，就业核心竞争力是个人以其拥有的知识和技能为基础，在不断学习中创新，在不断创新中整合各项可供利用的资源，充分凸显资源要素的效用而使自我获得持续竞争优势的能力，是个人综合素质的集中体现。大学生就业核心竞争力作为大学生能力系统中的核心部分，能够为大学生带来核心价值和持续竞争的优势。蔡雨玲等人将大学生就业核心竞争力定义为：大学生在校期间学习到的、经过一系列整合的知识和技能。这一能力在大学生毕业后可以为其提供一定的不被其他人替代的竞争优势，能够促使其不断更新知识、优化技能，从而更加适应就业形势。

1.3.4.3 综合素质观

于沂仟将大学生就业核心竞争力定义为：大学生主要通过后天学习和实践养成的，通过外界环境施加和自身主动学习获取的，能够帮助大学生在求职面试、实习期过程中脱颖而出并赢得就业机会，同时能够保持和发展职业的综合素质和能力。这种核心竞争能力不是各种能力和素质的简单叠加，而是具备个性特征和属性的优势能力的突出体现，是其他竞争对手不易效仿和超越的、相对稳定的、可持续发展的能力。杨萍将大学生核心竞争力定义为：大学生以其拥有的知识技能为基础，在学习过程中不断地整合各类资源，并充分利用这些资源提升个体效能，获得持续竞争优势的能力。

1.3.4.4 整合观

韩成曦认为，大学生就业核心竞争力是通过学习、实践和生活经历获得的，是不易被模仿和替代的资本，能带给大学生持续的竞争优势。汪恭敬和张乐勤认为，大学生就业核心竞争力是个体综合能力和素质的总和，它具有高低之分且稳定持久，能够保证大学生在就业竞争中立于不败之地。

在分析大学生就业核心竞争力相关研究文献的基础上，本书认为大学生就业核心竞争力是通过学习、实践和生活经历获得的，是一种独特的、可持续发展的、不易被模仿和替代的资本，它能为大学生带来持续的竞争优势。

1.4 研究意义

1.4.1 理论意义

本书进一步丰富了班杜拉（Bandura）的社会认知理论。在当前严峻的就业形势下，本书将大学生数字素养与就业核心竞争力纳入同一分析框架，丰富和发展了数字素养与就业核心竞争力的研究内容，并分别从直接影响和间接影响两个角度，系统分析了大学生数字素养对就业核心竞争力的作用，对数字经济时代高校提升大学生就业核心竞争力培养模式的改革、培养方案的制订奠定了理论基础，对促进大学生高质量就业具有重要的理论指导意义。

1.4.2 实践意义

本书在理论研究的基础上，结合实证调研，用数据检验了理论的合理性。本书讨论了河北省大学生就业核心竞争力的现状，有利于社会、高校和大学生认识就业核心竞争力，有利于其认识提升大学生就业核心竞争力的必要性和紧迫性。通过研究大学生数字素养与就业核心竞争力的关系、研究心理资本及社会支持在数字素养和就业核心竞争力之间所起的作用，使社会和高校从培养数字素养和提供社会支持方面提升大学生就业核心竞争力，从而解决当代大学生的就业问题。

1.5 研究创新

1.5.1 研究变量创新

目前，大多数研究只从就业核心竞争力单一方面展开研究，对于就业核心竞争力前因变量的研究较少，对影响就业核心力的中介变量和调节变量目前还是空白。本书通过文献的梳理发现，大学生的数字素养可以有效提升其就业核心竞争力，网络文化影响大学生的心理资本，心理资本影响大学生的就业竞争力，同时，社会支持可以强化个体数字素养对其就业核心竞争力的影响。因此，本书以大学生的数字素养为就业核心竞争力的前因变量，分别以心理资本和社会支持为数字素养与就业核心竞争力关系中的中介变量和调节变量展开研究。

1.5.2 研究角度创新

以往学者主要围绕如何提升就业核心竞争力和就业核心竞争力体系构建展开研究，在关于数字素养、心理资本、社会支持和就业核心竞争力之间关系的研究中，更加关注数字素养与就业核心竞争力之间的关系、心理资本与就业竞争力的关系、社会支持与就业核心竞争力的关系以及数字素养与心理资本之间的关系，而关于这四个变量之间是如何相互作用的、心理资本在数字素养与就业核心竞争力之间如何产生中介作用、社会支持在数字素养与就业核心竞争力之间如何产生调节作用的研究目前还是空白，本书对此进行了创新研究。

总的来说，本章主要介绍了就业核心竞争力的研究背景，指出了前人研究的不足和空缺，以及从数字素养视角研究大学生就业核心竞争力的必要性，从而提出了本书的研究目的及问题，分析了本书的研究意义，包括理论意义和实践意义。同时介绍了本书的研究创新点，其中研究变量创新部分主要为就业核心竞争力研究领域引进了新的前因变量——数字素养，以及其他颇有新意的中介变量和调节变量，研究角度创新部分以数字素养、心理资本、社会支持与就业核心竞争力这四个变量是如何相互作用，以及对心理资本、社会支持在数字素养与就业核心竞争力之间如何产生影响展开研究。

第 2 章　文献综述

本章以社会认知理论为理论基础，对各变量搜集整理相关文献并加以深入探讨。第2章共分六节，2.1节为理论基础，2.2节为数字素养的相关研究，2.3节为心理资本的相关研究，2.4节为社会支持的相关研究，2.5节为就业核心竞争力的相关研究，2.6节为数字素养、心理资本、社会支持与就业核心竞争力的关系研究。

2.1　理论基础

社会认知理论是从社会学习理论发展而来的，由班杜拉提出，主要内容是三元交互决定论、观察学习理论和自我效能理论。

三元交互决定论是该理论的核心内容，将个人因素、环境因素、行为因素视为相互独立又相互作用，从而产生相互决定的理论实体。在三元交互决定论中，个体的期望、目标和心态会影响甚至决定个体的行为方式，同时行为的内在反馈和外界结果又会反过来决定个体的思维、信念以及情感反应等。费斯克（Fiske）等人认为，感受和行动的能力是社会认知的普遍维度。近些年，在视频共享网站、云计算服务等方向，许多学者都运用社会认知理论来研究认知因素和环境因素对个体行为意愿的影响作用。例如，亨利（Henley）等人认为，行为因素和自我效能会直接或间接地作用于学生的创业意愿，建议通过提供社会资本培养和增强学生的领导能力与创业水平（见图2-1）。

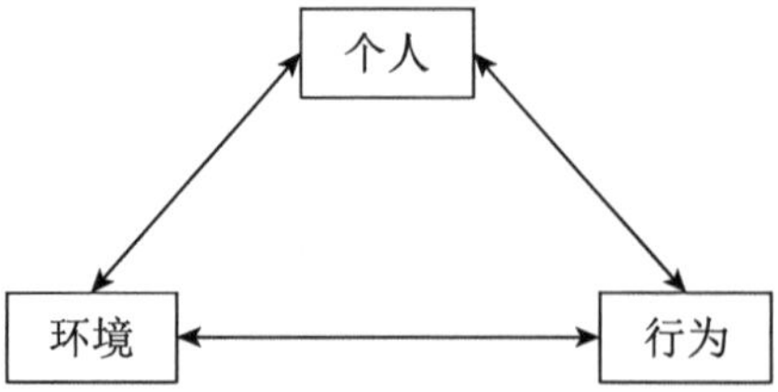

图2-1　社会认知理论三元交互决定论关系示意图

观察学习理论是社会认知理论的一个基本概念，是指通过观察他人（或榜样）的行为及其结果学会某种复杂行为。班杜拉根据信息加工模式对观察学习的心理历程进行了分析，认为观察学习可以分为注意、保持、动作再现和动机四个子过程。班杜拉的观察学习理论提出，人的行为由观察学习和自我调节所主导，在社会情境中，人的大部分行为都可以通过观察别人的示范习得。基于此，本书构建出大学生数字素养影响大学生就业核心竞争力的研究架构。

班杜拉把自我效能理论定义为个体对自己是否有能力完成特定任务的信息和能力的评估，并指出成败经验、替代性经验、言语劝说、情绪的唤起和情境条件会影响个体自我效能的形成。班杜拉的自我效能理论对于教育教学工作具有积极影响，尤其是对开发大学生的潜在能力、激发大学生的学习动机和情感、促进大学生积极自我意识的形成发挥着不可低估的作用。班杜拉认为，个体具有自我指导能力，可通过结果对自己的思想、情感和行为施加某种影响。班杜拉强调，个体的自我认知调节会对其行为产生影响。鉴于此，大学生可以通过学习实现能力的逐步提升，通过运用积极的自我效能感不断开发、拓展自身潜能，使自身素养接近职业目标的要求，自我效能是心理资本的重要构成要素，自我效能影响心理资本。斯奈德（Snyder）认为希望是心理资本培养的目标，希望的内涵是支撑个体在困境中坚持美好信念的情绪，着眼于将来。塞利格曼认为，乐观态度的存在是心理资本的基础所在，心理资本的提升离不开乐观心态的培养。马斯顿和库茨沃斯（Masten & Coatsworth）认为，有效地辨别和管理韧性资产，有利于个体战胜不利遭遇的人生困境，有利于个体积极地利用自己的才能和优势，有助于个体开拓新的发展领域。路桑斯把积极心理资本的研究成果引入组织行为学中，验证了自我效能、希望、乐观和韧性在提高企业绩效、保持竞争力和维持企业的持续发展方面发挥着不可忽视的作用。鉴于此，本书构建出心理资本通过大学生数字素养影响个体就业核心竞争力的研究架构。

此外，社会认知理论认为，人不能脱离环境而存在，即个人的发展离不开社会这一大背景，同时又受到学校物质环境和教育环境、家庭因素等影响，强调要重视环境对于学习者的影响。鉴于此，本书构建出社会支持通过大学生数字素养影响就业核心竞争力的研究架构。

综上所述，社会认知理论中的三元交互决定论、观察学习理论、自我效能理论都为就业教育提供了有益的理论依据，指出个体内在的遗传因素和特殊能力、外在的社会因素以及不同的学习经验等，以一种交互影响的方式使个体形成特有的职业技能取向，形成职业价值观、职业兴趣和职业能力。基于此，本书构建出大学生的数字素养、心理资本、社会支持和就业核心竞争力整体的研究架构。

2.2　数字素养的相关研究

在20世纪末到21世纪初，有关数字素养的研究逐渐出现在人们的视野内。在中国，最早关于数字素养的研究是2006年3月北京大学张薇教授撰写的《英语数字素养的研究型评价模式》和同年5月肖俊洪教授发表的《数字素养》。在中国知网的文献数据库中以“数字素养”为主题展开检索，检索时间为2023年1月9日，剔除噪声文献后，得到相关文献327篇。中国知网根据大数据预测2023年国内关于“数字素养”的文章将达到124篇（见图2-2）。

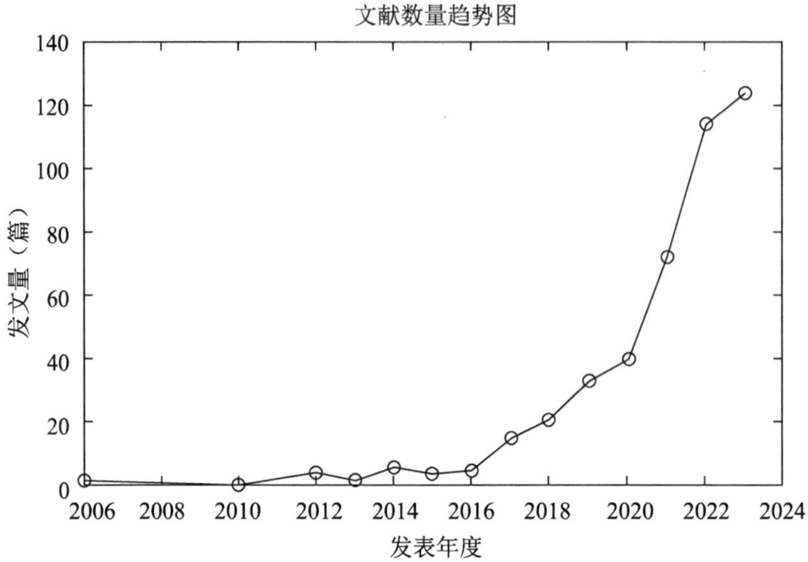

图2-2　数字素养文献数量趋势图

本节将分别从数字素养的框架、测量工具以及与背景变项的相关研究展开探究。

2.2.1　数字素养的框架

现有数字素养模型和框架100多种，但还未有被普遍认可的框架模型，因为大多框架制定者只考虑了自己所处的政治、经济和社会环境。阿尔卡莱在1994年提出数字素养的概念后，经过10年研究，于2004年率先提出数字素养框架，获得了学术界广泛认可。就当前文献梳理的情况来看，除阿尔卡莱提出的数字素养框架外，美国图书馆协会、英国联合信息系统委员会、欧盟、美国新媒体联盟、联合国教科文组织等行业机构提出的数字素养框架也得到了业界普遍关注和讨论，具体内容见表2-1。

表2-1　数字素养主要框架的汇整表

框架提出机构或个人	框架主要内容
阿尔卡莱	①图片—图像素养：理解图形信息能力 ②再创造素养：创造性“复制”能力 ③分支素养：驾驭超媒体素养 ④信息素养：辨别信息能力 ⑤社会—情感素养：数字交流能力
美国图书馆协会	①操作数字设备的技能 ②各种认知和技术技能 ③数字交流合作的能力 ④批判性的认知能力 ⑤参与并服务社会的能力
英国联合信息系统委员会	①信息与通信技能 ②学习与思辨技能 ③信息与媒体技能
欧盟	①信息域：判断信息能力 ②交流域：数字交流能力 ③内容创建域：整合信息能力 ④安全意识域：数字身份保护能力 ⑤问题解决域：数字化手段解决问题的能力
美国新媒体联盟	①通识素养：使用数字化工具的能力 ②创新素养：通识素养基础上的创新能力 ③跨学科素养：不同学科融会贯通的能力
联合国教科文组织	①操作域：数字设备操作能力 ②信息域：数字内容管理能力 ③交流域：数字技术交流能力 ④内容创作域：数字内容创作能力; ⑤安全伦理域：设备、数据、隐私保护能力 ⑥问题解决域：应用数字技术能力 ⑦职业相关域：特定领域操作的数字技术能力

资料来源：凌征强.我国大学生数字素养现状、问题与教育路径[J].情报理论实践，2020，43（07）：43-47，53.

欧盟2013年推出的数字素养框架1.0版本，从信息、沟通、内容创建、安全和解决问题五个方面，建立了包括21个二级指标的数字素养框架。该框架为欧洲各国使用通用语言来识别和描述公民数字素养的关键领域、制定公民数字素养提升战略发展规划提供了参考模型和评估工具。随着全球数字化进程快速发展，2015年欧盟各国16—74岁的公民中因缺乏数字素养无法正常参与社会活动的人数高达44.5%。为此，欧盟于2016年、2017年相继公布2.0版本、2.1版本，内容涉及对1.0版本的概念和词汇的更新。近年来，人工智能、大数据、云计算、物联网等新兴技术的快速发展，对公民数字素养提出更高的要求。为了能及时适应数字社会的变革，公民需要在与数字技术互动中不断提升个人能力，以实现个人的可持续发展。于是，欧盟于2022年再次更新数字素养框架，更新过程得到了整个欧洲利益相关者的广泛支持，最终形成了2.2版本。该框架与联合国教科文组织的媒体和信息素养框架相辅相成，为应对个体数字技能挑战的全球议程做出贡献，在一定程度上促进了全民数字素养的提升和数字技能的开发。欧盟2013年推出的数字素养框架1.0版本和修订后的欧盟2.2版本见表2-2、表2-3。

表2-2　欧盟数字素养框架1.0版本

一级指标	二级指标
信息	①浏览、搜索和过滤信息 ②评估信息 ③存储和检索信息
沟通	①通过技术进行交互 ②分享信息和内容 ③获得网络公民身份 ④通过数字渠道进行合作 ⑤网络礼仪 ⑥管理数字身份
内容创建	①开发内容 ②整合与重新阐释内容 ③版权和许可 ④编程
安全	①保护设备 ②保护个人数据 ③保护健康 ④保护环境

（续表）

一级指标	二级指标
解决问题	①解决技术问题 ②确定需求和技术对策 ③创新和创造性地使用技术 ④识别数字素养的差距

资料来源：盛思远. 大学生数字素养评价指标构建及应用研究[D].大连：大连外国语大学，2022.

表2-3　欧盟数字素养框架2.2版本

一级指标	二级指标
信息和数据素养	①浏览、搜索和过滤数据、信息和数字内容 ②评价数据、信息和数字内容 ③管理数据、信息和数字内容
沟通与协作	①通过数字技术进行交互 ②通过数字技术进行分享 ③通过数字技术参与公民活动 ④通过数字技术进行合作 ⑤网络礼仪 ⑥管理数字身份
数字内容创建	①开发数字内容 ②整合与重新阐述数字内容 ③版权和许可 ④编程
安全	①保护设备 ②保护个人数据和隐私 ③保护健康和社会福祉 ④保护环境
解决问题	①解决技术问题 ②确定需求和技术对策 ③创新和创造性地使用技术 ④识别数字素养的差距

资料来源：刘晓峰，兰国帅，杜水莲，等.迈向教育数字化转型的欧盟四版公民数字能力框架：演进、比较、特点和启示[J].现代远距离教育，2023（3）：66-79.

2018年，联合国教科文组织发布数字素养全球理论框架（DLGF）。联合国教科文组织通过对全球范围内权威性的数字素养框架高频词汇的整理与分析，明确指出了数字素养包含的素养，并将就业、获得体面工作和创业作为发展数字素养的目的。该框架将数字素养分为7个一级指标和26个二级指标，适应性更强，评价范围更加全面。该框架对促进大学生数字素养的提升有很大的指导意义，对数字素养框架的研究和数字素养的提升具有较大的参考和借鉴作用（见表2-4）。

表2-4　联合国教科文组织数字素养全球理论框架（DLGF）

一级指标	二级指标
设备和软件操作	①数字设备的物理操作 ②数字设备中的软件操作
信息和数据素养	①浏览、搜索和过滤数据、信息和数字内容 ②评估数据、信息和数字内容 ③管理数据、信息和数字内容
沟通与协作	①通过数字技术进行交互 ②通过数字技术进行分享 ③通过数字技术获得公民身份 ④通过数字技术进行合作 ⑤网络礼仪 ⑥管理数字身份
数字内容创作	①开发数字内容 ②整合和重新阐述数字内容 ③版权和许可证 ④编程
安全	①保护设备 ②保护个人数据和隐私 ③保护健康和社会福祉 ④保护环境
解决问题	①解决技术问题 ②确定需求和技术对策 ③创造性地使用数字技术 ④识别数字能力差距 ⑤计算思维

（续表）

一级指标	二级指标
职业相关能力	①操作特定领域的专业数字技术 ②解释和操作特定领域的数据、信息和数字内容

资料来源：盛思远. 大学生数字素养评价指标构建及应用研究[D].大连：大连外国语大学，2022.

2.2.2　数字素养的测量工具

盛思远通过对国内相关文献的研究发现，国内没有针对大学生的较为系统的、完善的数字素养框架。大多数研究者会参考欧盟数字素养框架来编制符合需要的数字素养水平测试问卷，平越参考欧盟数字素养框架2.0版本和美国新媒体联盟数字素养框架，把大学生数字素养归纳为数字态度、数字化思维、数字知识和数字技能四个方面，其编制的数字素养调查问卷的克隆巴赫系数均大于0.7，量表信度较好。赵楚鑫参考2018年联合国教科文组织数字素养全球理论框架编制了数字素养水平调查问卷，问卷的克隆巴赫系数为0.889，信度较强。李皓参考联合国教科文组织和欧盟的数字素养框架，将数字素养领域划分为硬件和基础素养域、数据素养域、社交协作素养域、数字内容创作素养域、安全素养域和问题解决素养域六个方面，问卷的克隆巴赫系数为0.865，信度较好。唐婷参考联合国教科文组织数字素养全球理论框架、欧盟数字素养框架和英国联合信息系统委员会数字能力发展框架，提取出了包含数字科学知识、数字应用能力、数字职业能力、数字竞争力、数字价值观和数字人格特质6个一级要素，以及27个二级要素的高职大学生数字素养量表，问卷一级维度的克隆巴赫系数在0.935～0.950，量表信度优秀。盛思远参考欧盟数字素养框架、联合国教科文组织数字素养全球理论框架和知名大学图书馆发布的数字素养框架，构建了大学生数字素养评价指标体系的编制，大学生数字素养调查问卷的克隆巴赫系数为0.941，量表信度优秀。

综上所述，大多数研究者对大学生数字素养的测量，是参考欧盟和联合国教科文组织的数字素养框架自编调查问卷。欧盟数字素养框架是目前最受认可、应用最广泛的数字素养框架之一。联合国教科文组织数字素养全球理论框架将就业、获得体面工作和创业作为发展个体数字素养的目的，这与本书的研究目的相符。因此，本书借鉴盛思远编制的数字素养调查问卷，编制了研究大学生数字素养的测量工具。

2.2.3 数字素养与背景变项的相关研究

诸多研究表明，大学生的数字素养容易受其背景变项（如性别、年级、专业、家庭常住地等）的影响。因此，本书选择性别、年级、专业、家庭常住地、父母受教育水平五项背景变项对大学生数字素养的影响展开探讨。

2.2.3.1 性别

人口统计学中有关性别特征对数字素养的影响的相关研究很多，但是各研究者有不一样的发现。多项研究发现，男大学生的数字素养要显著高于女大学生。刘倩研究发现，男大学生的数字素养整体水平和问题解决域水平显著高于女大学生，女大学生在数字内容创造域上的水平显著好于男大学生。而盛思远却认为，性别并不会导致大学生数字素养存在差异。

2.2.3.2 年级

在年级与数字素养关系的相关研究中，各个研究者也有不一致的发现。有学者指出，大学生的数字素养会随着年级的升高而升高。而盛思远却认为，年级并不会导致大学生数字素养存在差异。

2.2.3.3 专业

在专业与数字素养关系的相关研究中，各个研究者也有不一致的发现。刘禄研究发现，专业会导致大学生数字素养存在显著差异。平越研究发现，理科大学生的数字素养水平要优于文科和艺术类大学生。刘倩研究发现，理工科大学生的数字素养水平和问题解决域水平显著高于人文社科大学生。杨家琨在对湖北地区“双一流”高校学生数字素养与学术能力的关系研究中指出，理工类大学生数字素养水平最高，文史类大学生数字素养水平次之，艺术类大学生的数字素养水平最低。郭星研究发现，理工科师范生的数字素养水平整体高于文科师范生的数字素养水平。然而，王媛研究发现，在黑龙江省大学生中，文史类大学生数字素养水平最高，理工类大学生数字素养水平次之，艺术、体育和其他专业的大学生数字素养水平较低。肖丹指出，理工类和艺术类大学生因为专业需求，数字素养水平整体高于其他专业。

2.2.3.4　家庭常住地

在家庭常住地与数字素养关系的相关研究中，各个研究者也有不一致的发现。刘倩研究发现，家庭常住省会/直辖市的大学生的数字素养水平最高，然后依次是常住在地级市、县/县级市、乡镇的大学生。郭星和肖丹的研究均发现，家庭常住地在城市的师范生数字素养各维度明显高于农村地区的师范生。然而，盛思远却指出，家庭常住地不会使数字素养存在差异。

2.2.3.5　父母受教育水平

在父母受教育水平与数字素养关系的相关研究中，刘倩研究发现，大学生的数字素养水平与父母的受教育水平显著相关。唐婷研究发现，父母的受教育水平影响高职大学生的数字素养水平。

综上所述，各位研究者对性别、年级、专业、家庭常住地对数字素养的影响并未得到一致的定论，这种不一致的结果可能是因为数字素养的特定领域、任务的差异而导致的。鉴于不同情境下及不同研究对象的数字素养会有不同的发现，本书将性别、年级、专业、家庭常住地、父母受教育水平纳入研究范畴进行探讨。

2.3 心理资本的相关研究

大学生心理资本是促进大学生成长的内在的积极心理力量，对促进大学生心理健康、提升大学生就业核心竞争力、挖掘大学生潜能具有重要意义。本节将分别从心理资本的结构和测量、与背景变项的相关研究以及心理资本的研究模型展开探讨。

2.3.1 心理资本的结构与测量

针对心理资本结构维度划分与测量的研究，学术界尚未达成统一的结论。根据对心理资本定义理解的不同，对于心理资本的结构划分目前主要有如下几种观点。

2.3.1.1 二维结构

最具代表性的是经济学家戈德史密斯首次提出的心理资本的二维结构，包含自尊和控制点两个方面。而国内学者柯江林等人开发了本土化的心理资本量表，认为心理资本主要由人际型心理资本和事务型心理资本两个方面构成。

2.3.1.2 三维结构

心理学家路桑斯首次提出了心理资本的三维结构模型，包含希望、乐观、韧性三个方面。拉森（Larson）和路桑斯在以往研究的基础上，提出了自我效能、乐观、韧性的三维结构模型。

2.3.1.3 四维结构

贾奇和博诺（Judge & Bono）在针对心理资本的研究中提出了自尊、自我效能感、控制点、情绪稳定性四要素结构。简森（Jensen）提出了自信、希望、乐观、复原力的四维结构。路桑斯、约瑟夫等人在原有三维结构的基础上增加了希望维度。张阔等人以路桑斯的心理资本理论为基础，同样提出自我效能、韧性、希望和乐观四个维度。

2.3.1.4　多维结构

田喜洲在积极心理学和积极组织行为学的基础上，提出心理资本除了自我效能、希望、乐观、韧性之外，还应该增加积极能力方面的维度。肖雯和李林英为探索中国大学生的心理资本结构，提出心理资本包含自我管理效能、乐观、韧性、感恩和对他人的浓厚兴趣五个维度。陈丹通过对大学生进行问卷调查，并对调查数据进行回归分析，发现大学生的心理资本包含兴趣、感恩、乐观、韧性和自我效能五个维度。曹鸣岐首次提出了心理资本的六维度结构模型，他认为心理资本可由希望、乐观、韧性、主观幸福感、组织公民行为和情绪智力六方面构成。周利霞编制的《大学生心理资本量表》中将心理资本分为六个维度，包括希望、自信、合作、乐观、韧性和感恩。国内外经典心理资本量表见表2-5。

表2-5　国内外经典心理资本量表

研究者	量表名称	量表维度
戈德史密斯	心理资本量表	自尊、控制点
拉森和路桑斯	心理资本量表	自我效能、乐观、韧性
路桑斯、约瑟夫等人	心理资本量表	自我效能、乐观、韧性、希望
柯江林等人	本土心理资本量表	事务型心理资本、人格型心理资本
张阔等人	积极心理资本量表	自我效能、希望、乐观、韧性

资料来源：本书整理。

目前，国内外对于心理资本的结构及构成要素的观点比较多样，但总体来说，出现频率最高的要素有乐观、自我效能（自信）、希望和韧性四个维度，具体表述为以下内容。

（1）乐观

乐观是一种归因方式，也就是把积极事件归因于自身的、持久性的和普遍性的原因，而把消极事件归因于外部的、暂时性的及与情境有关的原因。乐观不仅指预期未来会发生积极事情的心理倾向，还取决于个体对事情的解释和归因。但是，乐观不是盲目的、不现实的，心理资本理论所强调的乐观是现实和灵活的乐观，它指出个体在归因时应该对客观现实进行正确合理的评价，然后选择积极的归因方式。乐观代表着一种在过去经验的基础上进行对未来的积极预测态度，它是有依据可循的，乐观可以产生积极的自我实现预言，从而激励人们去取得成功。

（2）自我效能

自我效能，即自信，指个体对自己在特定的情境里能够激发动机、调动自身认知资源以及采取必要行动来成功完成某一项特定工作的信念（或信心）。具有高自我效能感的人往往为自己设立高目标，并主动选择困难的工作任务，喜欢接受挑战，因挑战而强大，为实现目标而投入必要的努力，当面对困难时会坚持不懈。较高的自我效能感可以有效缓解压力对人造成的消极影响，对工作绩效产生的积极影响。

（3）希望

希望是基于成功、路径和意志力三者之间形成的积极动机状态。希望由两大因素决定，即路径和意志力。一个人只有拥有意志力和实现目标的途径，才能拥有高水平的希望，才能成功地实现自己的目标。意志力和路径是达成目标的心理能量，这种能量可促使个体不断地奋斗和前进，使个体具备达成目标的勇气及信念。

（4）韧性

韧性是一种可开发的能力，它能使个体从逆境、冲突和失败中，甚至从积极事件、进步以及与日俱增的责任中快速回弹或恢复过来。韧性对于提升个体的能力和社会的人力资本具有重要的指导性意义。积极的情绪可以增加个体面对消极事件的心理弹性。韧性是个体在任何年龄和心理条件下都可以被发现、测量、维持和开发的一种日常能力和心理优势，是个体的积极心理资本中一种非常重要的因素。

2.3.2 心理资本与背景变项的相关研究

我国关于大学生的心理资本探索始于潘清泉和周宗奎对贫困大学生

群体的调研，他们发现，贫困大学生的心理资本在所有方面的分值均显著低于普通大学生。随着对心理资本研究的深入，学者们逐渐把研究对象转向更多的普通学生群体。多项研究发现，大学生心理资本容易受其背景变项（如性别、年级、专业、家庭常住地等）的影响。因此，本书选择性别、年级、专业、家庭常住地、父母受教育水平五项背景变项对大学生心理资本的影响展开探讨。

2.3.2.1　性别

有很多有关性别特征与心理资本关系的研究，但是各研究者的发现不一样。诸多研究发现不同性别在个体心理资本上并不存在显著差异。张晓婕研究发现，男大学生自我效能、乐观、韧性三个维度的水平显著高于女大学生，在希望维度上二者不存在显著差异。龚慧研究发现，男大学生的心理资本水平高于女大学生，男大学生的自我效能、韧性和总体心理资本显著高于女大学生，但在希望和乐观方面二者差异不显著，这与王凯丽的发现一致。朱晓航研究发现，不同性别在感恩维度上存在显著性差异，女性得分高于男性，而在愿景、自信、合作、乐观、韧性维度上二者不存在显著差异。李杨研究发现，不同性别的大学生总体心理资本水平和人际型心理资本水平都无显著差异，而男大学生在事务型心理资本水平上的平均分要高于女大学生。

2.3.2.2　不同年级

在年级与心理资本关系的相关研究中，各研究者也有不一致的发现。诸多研究发现不同年级在大学生心理资本上存在着显著差异。张晓婕研究发现，不同年级的大学生在自我效能和韧性两个维度上存在显著差异，在其他维度上差异不明显，其中大二学生的自我效能最低，大三学生的韧性最高。龚慧研究发现大一、大二、大三和大四学生在心理资本、自我效能、韧性和乐观方面没有显著性差异，在希望方面大一学生显著高于其他年级的大学生。

2.3.2.3　专业

专业与心理资本关系的相关研究有很多，各研究者也有不一致的发现。李林英和肖雯研究发现，不同专业大学生的整体心理资本不存在显著差异，但在自我效能和韧性两个维度上存在显著差异，其中文科大学生在自我效能和韧性两个维度上的得分均低于理科和工科的大学生。张晓婕研究发现，大学生在心理资本总体以及乐观、希望和韧性三个维度的差异不显著，在自我效能维度上，理工科的大学生要显著高于文科专业的大学生。龚慧研究发现，工科大学生的心理资本水平要显著高于文科大学生，理科和工科之间、文科和理科之间则差异不显著。朱晓航研究发现，不同专业大学生在乐观维度上存在显著性差异。陈美君研究发现，不同专业大学生在韧性维度上存在显著性差异，在心理资本总体、自我效能、希望和乐观维度上均不存在显著性差异。但是，也有一些研究发现不同专业大学生在心理资本上没有显著差异，这里不再展开探讨。

2.3.2.4 家庭常住地

在家庭常住地与心理资本关系的相关研究中，各研究者也有不一致的发现。诸多研究发现城市与农村的大学生在心理资本整体及各个维度上均不存在显著差异。张晓婕研究发现，大学生家庭常住地在心理资本整体和自我效能维度上存在显著性差异，在乐观、希望和韧性三个维度上的差异不显著。龚慧研究发现，农村大学生和城市大学生在自我效能、希望维度上存在显著性差异，在韧性和乐观维度上无显著性差异，在心理资本整体方面城市大学生要显著高于农村大学生。史灵研究发现，大学生家庭常住地在心理资本整体及四个维度上均差异显著。

2.3.2.5 父母受教育水平

在父母受教育水平对大学生心理资本影响的相关研究中，李林英和肖雯研究发现，包括父母受教育程度在内的家庭社会经济地位在大学生资本上均不存在显著差异。史灵研究发现，父母受教育水平在大学生乐观和韧性维度上差异极其显著，在乐观维度上，父母学历越高的大学生水平越低，在韧性维度上父母学历越高的大学生水平越高，在自我效能感和希望维度上差异不显著。

综上所述，各位研究者对性别、年级、专业、家庭常住地、父母受教育水平对心理资本的影响并未得到一致的定论，这可能有以下几种原因：第一，不同类别的大学生之间确实存在心理资本的差异。第二，不同研究者使用了不同的测量工具。第三，取样方面存在差异性。不同类别的大学生在心理资本方面的差异需要进一步地研究，因此本书将各背景变项纳入研究范畴进行探讨。

2.3.3　心理资本的研究模型

心理资本的研究模型主要有以下三种：主效应模型、中介效应模型、动态效应模型。目前以主效应模型和缓冲效应模型为主，而中介效应模型和调节效应模型也逐渐引起研究者的关注。

①主效应模型也称直接影响效应模型，即心理资本对个体、群体及组织等具有独立影响以及直接促进作用。张晓婕研究发现，大学生心理资本水平及各维度因子对就业竞争力有正向预测作用。

②中介效应模型也称缓冲效应模型，即心理资本通过一定的中间变量来间接地影响员工的态度和行为。王聪研究发现，心理资本对大学求职绩效具有显著的正向作用，而积极求职行为在两者关系中起到了部分中介作用。董亮亮研究发现，心理资本通过职业探索的中介作用正向影响生涯适应力和自我感知可雇佣性。张四龙研究发现，大学生心理资本对学业成就有显著正向影响，主观幸福感在两者间起到部分中介作用。

③动态效应模型，即心理资本与影响变量之间具有复杂的交互作用。王雁飞和朱瑜研究发现，心理资本与相关影响变量的关系根据时间与空间的不同呈现阶段性或曲线性的动态变化。

2.4　社会支持的相关研究

个体所获得的社会支持对其积极适应和个人发展具有显著影响。良好的社会支持可以使个体获得爱、尊重、被需要，使个体感受到自己是有价值的、被人期待的，是推动个体不断发展、前进的动力。本节将分别从社会支持的理论模型、评定方法，以及社会支持与背景变项的相关研究展开探讨。

2.4.1 社会支持的理论模型

目前，关于社会支持的理论模型主要有主效应模型、缓冲效应模型和动态效应模型三种。

①主效应模型认为，社会支持对个体的身心发展发挥积极作用。个体在面临困难情境时，社会支持可以发挥积极的作用，增加个体心理弹性，促进个体保持身心健康状态和积极情绪。张萌研究发现，社会支持正向影响大学生的社会创业意向。

②缓冲效应模型认为社会支持能够对压力产生直接影响，对压力造成的负面情绪体验起到缓冲作用。该理论强调社会支持的缓冲预防功能，强调社会支持可以避免应激事件对个体带来的直接负面影响，从而减少个体的负面情绪体验，增加个体的幸福感。何思学在研究大学生压力、社交焦虑、手机成瘾与社会支持的关系时发现，社会支持对大学生社交焦虑和手机成瘾具有调节作用。

③动态效应模型认为，压力与社会支持同时对个体身心健康产生影响，社会支持对心理不仅仅是一种缓冲的保护作用，同时它也与压力事件相互作用于个体的心理健康。社会支持的动态效应模型理论研究发现，社会支持、压力与身心健康之间存在着复杂的交互作用，且这种影响会随着时间的改变而变化。

2.4.2 社会支持的评定方法

社会支持的评定主要有两种办法：他人报告法与自我测量法。他人报告法主要是针对低年龄段的儿童，原因是他们还不具备理解社会支持的能力；自我测量法主要针对成人，在这种方法的支持下，被试者能够对自身社会支持情况进行说明和评价。国内外经典的社会支持量表见表2-6。

表2-6　国内外经典的社会支持量表

研究者	量表名称	量表维度
亨德森（Hendeson）	社会交往调查表（ISSI）	个体对于其社会关系的适宜程度的感受、个体对于其所得支持的利用程度的评定
巴雷拉和安森（Barrera & Ainlay）	社会支持行为调查量表（ICSB）	情感支持、信息支持和实体支持
萨拉森（Sarason）	社会支持问卷（SSQ）	社会支持的数量、对获得支持的满意程度
齐梅特（Zimet）	领悟社会支持量表(PPPS)	家庭支持、朋友支持和其他支持
沃克（Walker）	社会支持性质量表(ISEL)	情感支持、物质支持、信息支持和陪伴支持
肖水源	社会支持评定量表（SSRS）	客观社会支持、主观社会支持和社会支持利用程度

资料来源：本书整理。

学者们根据不同的研究需要和目的，对社会支持的维度划分存在不一致性。肖水源的SSRS能够很好地体现大学生的社会支持水平，因此本书采用此量表进行研究。

2.4.3　社会支持与背景变项的相关研究

目前对于社会支持的研究较为成熟，国内外众多学者都对社会支持进行了各方面的探讨，对大学生群体社会支持的研究也较多。本书选择性别、年级、专业、家庭常住地、父母受教育水平五项背景变项对大学生社会支持的影响展开探讨。

2.4.3.1　性别

有关性别特征对社会支持影响的相关研究很多，但是各研究者有不同的发现。诸多研究发现女大学生在社会支持总分及各维度上均显著高于男生，但也有研究发现男大学生的社会支持情况要优于女大学生并且两者差异显著。此外，还有研究发现不同性别在社会支持上并不存在显著差异。

2.4.3.2 年级

有关年级对社会支持影响的相关研究中，各研究者也有不同的发现。诸多研究发现不同年级大学生在社会支持整体及其各维度上都存在显著差异。而孙晓曼研究发现，不同年级的大学生在社会支持整体及各个维度上都没有显著的差异。

2.4.3.3 专业

在有关专业对社会支持影响的研究中，各研究者也有不同的发现。杨玮奇研究发现，理科大学生的社会支持情况要好于文科大学生的社会支持情况。李成硕研究发现，专业在大学生社会支持整体及其各维度上存在显著差异，其他专业和人文社科专业的大学生比自然理工专业的大学生能够获得更多的社会支持。然而，也有研究发现，不同专业的大学生在社会支持上不存在显著差异。

2.4.3.4 家庭常住地

在有关家庭常住地对社会支持影响的研究中，各研究者也有不一致的发现。何思学研究发现，大学生家庭常住地在社会支持整体及各维度上均不存在显著性差异。但也有研究发现来自城市家庭的大学生受到的社会支持比来自农村家庭的大学生更多。吴喆研究发现，大学生家庭常住地为农村的大学生社会支持要显著高于家庭常住地为城镇的大学生。

2.4.3.5 父母受教育水平

在有关父母受教育水平对社会支持影响的相关研究中，李思婧研究发现，父母受教育水平在大学生社会支持上差异不显著。

综上所述，各研究者对于性别、年级、专业、家庭常住地、父母受教育水平，对社会支持的影响情况并未得到一致的定论，因此，本书将各背景变项纳入研究范畴进行探讨。

2.5 就业核心竞争力的相关研究

就业核心竞争力是大学生的优势能力，能够满足大学生的竞争需求和发展需要。在就业形势严峻的今天，大学生就业核心竞争力将成为大学生获得就业机会、提高就业质量的重要因素。在中国知网的文献数据库中以“就业核心竞争力”为主题展开检索，检索时间为2023年1月9日，剔除噪声文献后，得到国内相关文献214篇。中国知网根据大数据预测2023年国内关于就业核心竞争力的文章将达到7篇。就业核心竞争力文献数量趋势图，如图2-3所示。

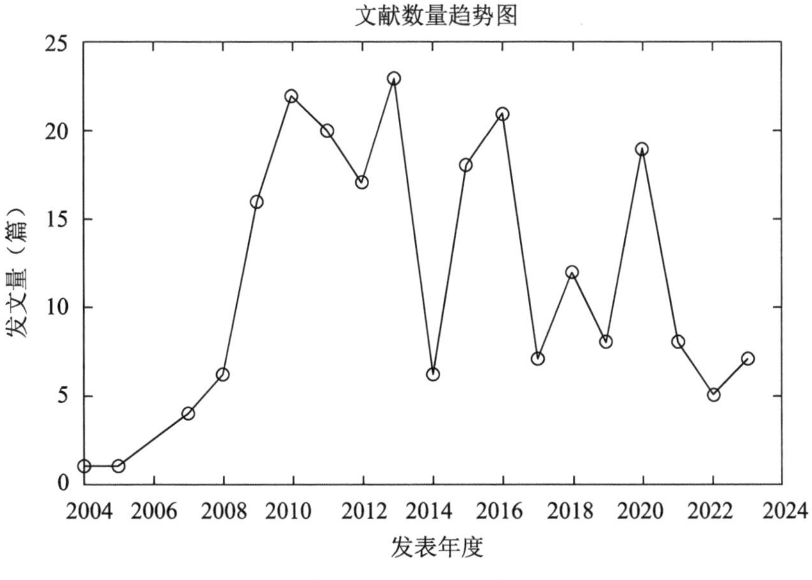

图2-3 就业核心竞争力文献数量趋势图

本节将以大学生为研究对象，分别从就业核心竞争力的特征、构成和测量以及与背景变项的相关研究展开探讨。

2.5.1 就业核心竞争力特征

对于大学生而言，就业核心竞争力具有以下几个方面的特征。

2.5.1.1 整体性

就业核心竞争力体现的是大学生的综合素质，不仅要求其具有良好的专业技能，而且还要求其具备健全的人格、良好的创新能力与人文精神。从现实的情况考虑，经济和社会多元化发展要求个体具备多样化的核心竞争力。核心竞争力是将这些优势资源进行合理的整合之后所表现出的综合优势。大学生应该形成一种整体性的意识，在学习和实践的过程中有针对性地提升自身的职业素养，培养优秀品质和工作能力，从而使自身的知识结构和能力素养进一步整合，以实现整体能力的协调发展。大学生知识结构和能力素养的整合程度越高，其就业核心竞争力就越强，在就业市场上就越具备竞争优势，也就更容易被用人单位选聘和重用。

2.5.1.2 比较性

大学生就业核心竞争力具有高低之分，这种区分必然形成就业核心竞争力的比较性。大学生就业核心竞争力的高低是相较于就业市场上其他求职者而言的。用人单位从筛选简历、面试应聘到实习考核和最终聘用，对应聘者能力的比较从未间断。比较性是就业核心竞争力最明显的外在特征，也是其他特征的基础和依托，更是大学生提升就业核心竞争力的内在动力。大学生就业核心竞争力的比较性越高，越容易吸引用人单位的注意，也就越容易得到用人单位的青睐。

2.5.1.3 独特性

大学生就业核心竞争力的独特性也可称为异质性或不易模仿性，表现为个体所拥有的核心竞争力是其他人所不具备或者很难具备的。大学生能否胜任工作、其思维能力和处事能力等能否优于他人，在很大程度上取决于其就业核心竞争力是否具有独特性特征。大学生就业核心竞争力越突出，就越难以被效仿，其优势就越明显、越持久。大学生就业核心竞争力的独特性决定了个体之间的差异。如果这种差异是用人单位所需要和乐于接受的，能够为用人单位创造其他人不能创造的利益，那么这种差异就被称为大学生的就业竞争优势，能够使大学生得到用人单位提供的就业机会。

2.5.1.4　相对稳定性

大学生就业核心竞争力是其通过先天习得和后天培养不断形成的，其中后天培养起到了决定性的影响和作用。例如，大学生心理品质、职业观念、生活方式等个体表现都与核心竞争力有很大的关联性，是其他竞争对手在短期内难以模仿和复制的。如果说就业核心竞争力的比较性和独特性可以使大学生在就业选择过程中表现出就业竞争优势，那么就业核心竞争力的相对稳定性，则可以使大学生在职业发展中发挥竞争优势。

2.5.1.5　可持续发展性

大学生就业核心竞争力，是大学生通过知识技能学习、综合能力发展和职业素质培养等长时间积累和发展而形成的一种能够帮助大学生在就业及从业中脱颖而出、取得竞争优势的资本。大学生要想适应现实社会的变化，顺应时代发展的潮流，满足就业市场的客观要求，就要用发展的眼光看待自己，使自己的就业核心竞争力处在动态发展和不断提升的过程中，从而在职场中获得可持续发展竞争优势。人的发展过程是一个不断进步的过程，从这个角度分析，大学生就业核心竞争力也并非一成不变。尤其是在当前对人才质量要求不断提高的社会背景下，大学生的优势不会一直存在，一旦大学生放弃努力，势必会导致其就业核心竞争力的弱化甚至消失。

2.5.2　就业核心竞争力的构成和测量

就业核心竞争力的构成是就业核心竞争力的研究重点，也是国内外诸多学者研究的重要课题。

李敏认为，大学生就业竞争力主要包括隐性素质能力和显性素质能力。隐性素质能力主要是指大学生所具有的思想道德素质、科学文化素质以及终身学习能力和创新能力等，这是大学生今后可持续发展的潜在或内隐的素质能力。显性素质能力主要是指大学生在校期间取得的成绩、语言文字表达能力、团队协作能力、环境适应能力等，是大学生在就业过程中（如就业考核）表现出来的、外显的、能被用人单位发现和认可的素质能力。

韩成曦认为，大学生就业核心竞争力由核心能力和品质观念两个维度构成。核心能力维度分为技术力、实践力、学习力、创新力和适应力五个构念，品质观念维度划分为心理品质和职业观两个构念。

于沂仟认为，大学生就业核心竞争力的构成包含理性的就业观念、良好的心理素质、优秀的职业素养、丰富的实践经验和卓越的职业能力五个部分。

刘珺认为，构成小球项目硕士研究生就业核心竞争力的能力有五个，分别是学习能力、创新能力、专业能力、人际交往能力和职业素质。

龙思珍以电子信息类高职大学生为研究对象，认为其就业核心竞争力由择业观念、IT职业素养、身心素质、职业能力四大要素组成。

肖友平认为，构成大学生核心竞争力的要素包括知识积累、经验累积、品性修养、敬业精神以及良好的心态等要素。

郭志林等人认为，供给侧结构性改革背景下大学生就业核心竞争力，由品质素养与核心能力两个维度构成，其中品质素养包括心理品质和职业素质；核心能力包括专业技能、学习能力、创新能力、执行能力、求职能力和团队合作能力。

王雪飞认为，工科大学生就业核心竞争力由专业能力和人为素养构成，具体包括学习能力、创新能力、合作能力、吃苦耐劳精神、实践能力、表达能力、道德品质、交际能力、抗挫能力等。

汪恭敬和张乐勤把大学生就业核心力分成品质素养与核心能力两个维度，具体由就业观念、心理素质、职业素养、实践经验、职业能力、学业成绩、班干部任职经历等构成。

蔡雨玲等人把大学生就业竞争力模型分为核心能力和品质观念两部

分，其中核心能力包括技术力、实践力、学习力、创新力和适应力；品质观念包括心理品质、道德品质和职业观。

通过文献梳理，本书采用韩成曦编制的大学生就业核心竞争力量表进行测量，将大学生就业核心竞争力分为核心能力和品质观念两个维度。其中，核心能力维度分为技术力、实践力、学习力、创新力和适应力五个构念；品质观念维度分为心理品质和职业观两个构念。

2.5.3　就业核心竞争力与背景变项的相关研究

本书将进一步分析不同背景变项（性别、年级、专业、家庭常住地、父母受教育水平）对于大学生就业核心竞争力是否存在差异。目前，学术界直接探讨背景变项对大学生核心竞争力影响的研究比较少，鉴于第二课堂与核心竞争力的关系，可以通过背景变项对第二课堂成绩的影响间接推理背景变项对核心竞争力的影响。赵璇等人指出，第二课堂活动是培养大学生自立自强、团结协作、责任担当以及爱国、爱家、爱校等能力和素质的重要手段，在培养大学生综合素质方面具有许多不可替代的优势。曾剑雄研究发现，第二课堂对大学生核心竞争力有正向显著影响。

曾剑雄研究发现，不同性别的大学生，其核心竞争力不存在显著差异，但不同性别的大学生在创新能力和社会适应能力等维度存在显著差异。其中，男大学生核心竞争力高于女大学生，尤其在创新能力方面，男大学生要比女大学生高得多。赵璇等人研究发现，性别显著影响第二课堂成绩，这与陈萍萍的研究发现一致。

曾剑雄研究发现，毕业年限不同的大学生在就业核心竞争力和就业核心竞争力各个维度上不存在显著差异。陈萍萍研究发现，不同年级大学生在组织管理维度上存在着显著性差异，其余的各维度不存在显著性差异。

曾剑雄研究发现，除创新能力和实践能力之外，不同学科类别的大学生在就业核心竞争力和就业核心竞争力的其他四个维度存在显著差异。陈萍萍研究，发现文理工大学生在参与动机、认可程度、自身能力三个维度上具有显著性差异，而在获得感、组织管理、活动支持和学分设置四个维度的差异并不显著。

赵璇等人研究发现，大学生家庭常住地显著影响其第二课堂成绩；大学生父母受教育水平显著影响其第二课堂成绩。

通过以上文献的梳理发现，各个背景变项（性别、年级、专业、家庭常住地、父母受教育水平）在大学生的四个变量（数字素养、心理资本、社会支持与就业核心竞争力）上均有不同的发现。因此，本书以河北省本科生为研究对象，提出假设H1：不同背景变项在大学生数字素养、心理资本、社会支持与就业核心竞争力上存在显著差异。

2.6 数字素养、心理资本、社会支持与就业核心竞争力的关系研究

梳理目前关于数字素养、心理资本、社会支持与就业核心竞争力的相关研究可以发现，以往的研究大多关注其中两者之间的关系上，本节将分别对数字素养与就业核心竞争力的关系，数字素养与心理资本的关系，心理资本与就业核心竞争力的关系，数字素养、心理资本与就业核心竞争力的关系，数字素养、社会支持与就业核心竞争力的关系展开探讨。

2.6.1 数字素养与就业核心竞争力的关系研究

数字素养是人们在数字时代的生存技能，是个体应对当前挑战的核心要求。2017年12月，美国新媒体联盟探讨了高等教育中的数字素养对学生就业的影响。刘禄研究发现，本科生数字素养水平能够直接影响其科研创新能力。陈钦安研究发现，本科生数字素养培训与其职业成功显著相关，相关系数为0.608。杨家琨研究发现，大学生数字素养显著影响其学术能力。厉婧研究发现，大学生数字素养对于其就业核心竞争力具

有正向积极作用。朱奕潼和杨强研究发现，本科生数字素养正向影响其创业胜任力。笔者通过文献梳理发现，有关大学生数字素养对就业核心竞争力直接影响的实证研究相对较少，部分专家学者研究了大学生数字素养对科研创新能力、职业成功、学术能力、创业胜任力、创业能力等方面的影响。在以往的研究基础上，可以推论出，大学生数字素养水平越高，就业核心竞争力也越高，从而提出假设H2：大学生数字素养对其就业核心竞争力有显著正向影响。

2.6.2 数字素养与心理资本的关系研究

王勋等人科学地分析了网络文化对大学生心理资本的正负面影响。王自芳研究发现，在社交媒体使用过程中，员工的心理资本水平就会提高，即社交媒体使员工能够利用更多的资源来应对工作中出现的各种工作问题，从而提高员工的安全行为。钟晓媚研究发现，网络社会支持对大学生心理资本具有正向预测作用。陈莹等人研究发现，社交媒体的使用能够显著地正向影响大学生的心理资本。单宇等人探讨了数字化与组织韧性间的关系。黄绍升和闫春研究发现，平台数字赋能正向影响电商创业者的心理资本。虽然学术界并没有直接探讨数字素养与心理资本的关系，但部分专家学者分析了网络文化、社交媒体使用、网络社会支持、数字平台与心理资本的关系。在以往的研究基础上，可以推论出，大学生数字素养水平越高，心理资本水平也越高，从而提出假设H3：大学生数字素养对其心理资本有着显著正向影响。

2.6.3 心理资本与就业核心竞争力的关系研究

鲁银梭研究发现，大学生心理资本与就业力具有正向相关的关系。李琼研究发现，大学生的心理资本与其创造力显著正相关。张晓婕指出，大学生心理资本水平及各维度因子对就业竞争力有正向预测作用。李杨提出，大学生心理资本是能够促进大学生成长的内在积极心理力量，对促进心理健康、提升就业竞争力、挖掘个体潜能具有重要意义。彭丹蕾等人指出，大学生积极心理资本可以预测学生就业能力。董亮亮研究发现，心理资本通过职业探索的中介作用，可以正向预测个体生涯适应力和自我感知可雇佣性。张四龙研究发现，大学生心理资本对学业成就有着显著正向影响。刘带和陈龙研究发现，心理资本有助于提升大学生创业胜任力。李姝慧和郭玉凤研究发现，心理资本有助于提升大学生的职业生涯规划能力。虽然学术界并没有直接探讨心理资本对就业核心竞争力的影响，但部分专家学者研究了心理资本对就业力、创造力、就业竞争力、就业胜任力、学业成就、职业生涯规划能力等的影响。在以往的研究基础上，可以推论出，大学生心理资本水平越高，就业核心竞争力也越高，从而提出假设H4：大学生心理资本对其就业核心竞争力有着显著正向的影响。

2.6.4　数字素养、心理资本与就业核心竞争力的关系研究

梳理相关文献可以发现，心理资本在多项研究中作为中介变量使用，且在领悟社会支持对职业生涯规划能力的影响中发挥中介作用，并在迈尔斯-布里格斯类型指标（MBTI）对大学生成长的影响中发挥中介作用。在数字素养与心理资本的关系研究中，钟晓媚研究发现，网络社会支持对大学生心理资本具有正向预测作用；陈莹等人研究发现，使用社交媒体能够显著正向影响大学生的心理资本。在就业核心竞争力研究中，多项研究发现大学生心理资本对就业竞争力有正向预测作用。徐松美研究发现，大学生通过学习能够逐步提高能力，运用积极的自我效能感能够不断开发自己，拓展自身潜能，使自身素养接近职业目标的要求。在以往的研究基础上，可以提出假设H5：大学生心理资本在数字素养对其就业核心竞争力的影响中起着中介作用。

2.6.5　数字素养、社会支持与就业核心竞争力的关系研究

班杜拉的社会认知理论将个人因素、环境因素、行为因素视为既

相互独立又相互作用从而相互影响的理论实体。根据相关文献的梳理发现，社会支持在多项研究中作为调节变量使用。朱奕潼和杨强研究发现，社会支持在本科生数字素养与创业胜任力的关系中发挥调节作用。何安明和姚予丹研究发现，社会支持与就业能力之间具有正相关，社会支持水平越高，就业能力就越强。李超等人研究发现，社会支持水平越高，社会支持利用率也越高，社会支持可以使大学生及早规划职业生涯、处理就业问题，从而具有更高的就业能力。在以往的研究基础上，可以提出假设H6：大学生社会支持在数字素养对其就业核心竞争力的影响中起着调节作用。

综上所述，笔者通过对文献的整合梳理出各变量之间的关系，推导出假设H1—H6。

第 3 章　研究方法与设计

本章根据前述研究目的、研究动机以及文献整理归纳出众学者的研究结果，作为本书的研究设计与研究架构的基础，采用横断式调查法，使用问卷调查进行资料收集，以了解河北省高等院校本科生数字素养、心理资本、社会支持与就业核心竞争力四者的现况与关系。第3章共分为七个小节，3.1节为研究框架，使读者更清楚明了地看到各变量之间的关系以及每个变量的维度；3.2节为研究假设，说明了本书的研究假设；3.3节为研究对象；3.4节为研究工具，分别叙述本书采用的四个研究工具及其内涵；3.5节为预试问卷施测程序与信效度检验；3.6节为正式问卷施测程序与模型评价；3.7节为数据统计分析方法；3.8节为研究程序。

3.1　研究框架

本书基于班杜拉社会认知理论中三元交互决定论、观察学习理论、自我效能理论，并结合数字素养、心理资本、社会支持与就业核心竞争力之间的关系的相关资料，深入研究大学生个人认知（数字素养、心理资本）、环境因素（社会支持）对其行为因素（就业核心竞争力）产生的影响。通过文献的梳理和总结，笔者构建了大学生就业核心竞争力的概念模型，提出研究框架图（见图3-1）。

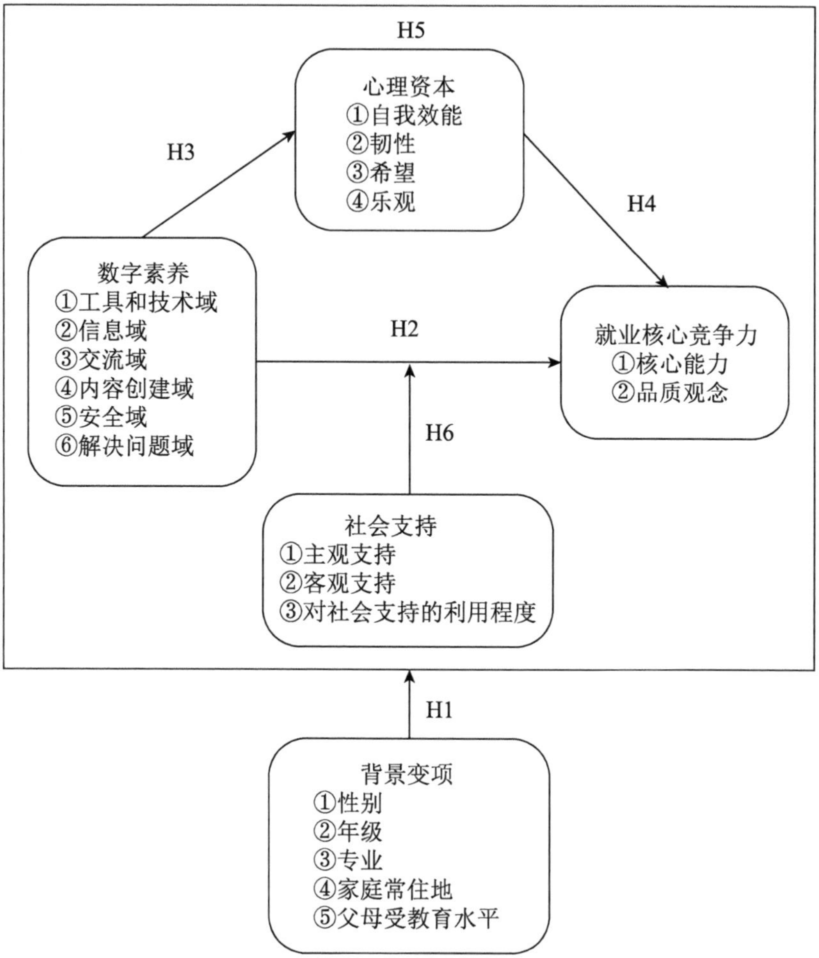

图3-1　研究框架图

3.1.1　背景变项

背景变项包括大学生的性别、年级、专业、家庭常住地、父母受教育水平，具体分析中国高等院校大学生的数字素养、心理资本、社会支持、就业核心竞争力是否因不同背景变项存在差异。

3.1.2 数字素养

数字素养包括工具和技术域、信息域、交流域、内容创建域、安全域和解决问题域六个维度。

3.1.3 心理资本

心理资本包括自我效能、韧性、希望和乐观四个维度。

3.1.4 社会支持

社会支持包括客观支持、主观支持、对社会支持的利用程度三个维度。

3.1.5 就业核心竞争力

就业核心竞争力由核心能力和品质观念两个维度构成，其中核心能力维度分为技术力、实践力、学习力、创新力和适应力五个构念，品质观念维度分为心理品质和职业观两个构念。

3.2 研究假设

本书根据文献综述中对相关理论以及以往相关实证研究的回顾和总结，结合研究目的、研究问题以及研究架构，提出具体假设。本书的假设分述如下。

H1：不同背景变项在大学生数字素养、心理资本、社会支持与就业核心竞争力上有显著差异。

H2：大学生数字素养对其就业核心竞争力有显著正向影响。

H3：大学生数字素养对其心理资本有显著正向影响。

H4：大学生心理资本对其就业核心竞争力有显著正向影响。

H5：大学生心理资本在数字素养对其就业核心竞争力的影响中起着

中介作用。

H6：大学生社会支持在数字素养对其就业核心竞争力的影响中起着调节作用。

3.3　研究对象

人才培养是大学的基本职能，本科教育是大学的根和本。世界一流大学无不将本科教育放在发展的重要战略地位，将培养一流本科生作为坚定的目标和不懈的追求。2018年发布的《教育部关于加快建设高水平本科教育全面提高人才培养能力的意见》中提出，要紧紧围绕全面提高人才培养能力这个核心点，加快形成高水平人才培养体系，这为高校培养什么样的人才指明了方向。河北省位于环渤海经济圈的中心地带，是资源大省、人口大省，在京津冀协同发展的大背景下，河北省应当发挥地域的高等教育优势，努力培养现代化人才，为产业结构调整和经济发展提供充裕的人才和智力支撑。河北省本科教育是河北省高等教育的重要组成部分，这既是河北省高等教育的新增长点，又是河北省社会经济发展的新推动力。“以人为本”，加快建设高质量本科教育，全面提升应用型本科人才竞争力，是河北省本科院校当前面临的紧要任务。因此，本书以河北省大学本科生为研究对象。

《河北统计年鉴（2022）》中显示，2021年河北省普通本科学校有58所，河北省普通本科在校生约为92.55万人。由于群体数量偏大，从技术上说，研究者很难做到随机抽样，可以考虑有目的抽样，即采用非随机抽样方式。便利抽样是根据研究者的实际情况，以方便开展研究为主要考量的非随机抽样方式，可及时取得所需资料。笔者采用便利抽样法，对河北省 A、B、C、D、E、F六所本科院校的在校生进行抽样调查。笔者分两个时间点分别从上述六所本科院校抽取研究样本，并按照两个时间点将有效样本区分为两批，第一批为预试问卷调查时间（2023年4月）

的样本。第二批为正式问卷调查时间（2023年5月）的样本，两批样本均在辅导员教师的帮助下，由笔者通过微信、QQ等形式向选取的各年级本科在校生手机发放网络问卷，第一批为预试样本（N=433），用来进行本书量表的项目分析、探索性因素分析以及信度分析；第二批为正式样本（N=1281），用来进行本书所有量表的验证性因素分析及研究假设验证。

3.3.1 预试样本

根据探索性因素分析的原理，题项和样本数的比例最好达到1∶5以上。本书四个量表的总题项数为82题，那么计算预试样本至少要410人。于是，笔者从A、B、C、D、E、F六所本科院校的四个年级中共抽取450个学生作为预设问卷的施测对象。在问卷答完后，剔除无效问卷17份，回收有效问卷433份，回收率96%。因此，本次抽取的有效预试样本为433份。

3.3.2 正式样本

在正式问卷实测过程中，结合吴明隆的研究结果，地区性的研究样本平均抽样数以1 000左右为最好。于是，笔者在发放正式问卷时，排除参加过预设问卷的班级，向A、B、C、D、E、F六所本科院校的四个年级的1 300名学生发放问卷。在问卷答完后，剔除无效问卷19份，回收有效问卷1 281份，回收率98.5%。因此，本次抽取的有效正式样本为1281份。

3.4 研究工具

笔者采用问卷调查方式，选取适合本次研究的测量工具进行施测。测量工具由数字素养量表、积极心理资本量表、社会支持量表、就业核心竞争力量表四个量表组成，以下将对四个量表进行逐一介绍。

3.4.1 数字素养量表

本书的数字素养量表以盛思远编制的大学生数字素养量表为基础，共包含22个项目，由工具和技术域、信息域、交流域、内容创建域、安全域和解决问题域六个维度构成。该量表采用李克特（Likert）五分量表进行计分，从1到5分别表示“完全不符合”到“完全符合”，总分越高，表明被测者的数字素养水平越高。该量表的克隆巴赫系数为0.941。目前，该量表已被广泛应用在核心期刊中，经整理后的数字素养量表维度及各维度题项见表3-1。

表3-1 数字素养量表维度及各维度题项

量表名称	年份	作者	克隆巴赫系数	项目数	维度	对应题项	评分法
数字素养量表	2022	盛思远	0.941	22	工具和技术域	1、2	李克特五分量表法
					信息域	3—5	
					交流域	6—9	
					内容创建域	10—12	
					安全域	13—17	
					解决问题域	18—22	

3.4.2 积极心理资本量表

本书的积极心理资本量表以张阔等人编制的积极心理资本问卷（PPQ）为基础，共26个条目，其中包括五道反向题目，用于测量大学生自我效能、韧性、希望和乐观四个维度。该量表采用李克特五分量表法进行计分，从1到5分别表示“完全不符合”到“完全符合”，总分越高，表明被测者的心理资本水平越高。该量表的克隆巴赫系数为0.90。目前，该量表已被广泛应用在学位论文和各核心期刊中，经整理后的积极心理资本量表维度及各维度题项见表3-2。

表3-2　积极心理资本量表维度及各维度题项

量表名称	年份	作者	克隆巴赫系数	项目数	维度	对应题项	评分法
积极心理资本问卷	2010	张阔	0.90	26	自我效能	1—7	李克特五分量表法
					韧性	8—14	
					希望	15—20	
					乐观	21—26	

3.4.3　社会支持量表

本书的社会支持量表以肖水源编制的社会支持评定量表为基础，用于测量大学生感知到客观支持、主观支持以及对社会支持的利用程度三个维度。该量表的重测信度为0.92，各条目的一致性为0.89～0.94，是目前社会支持研究应用最为广泛的量表。该量表采用四点计分法进行计分，取各维度总分，总分越高，表明被测者越容易在生活中获得社会支持。笔者运用这一量表了解被测者的社会支持水平，保证了同其他研究者在研究工具上的一致性，提高了研究结果的科学性。经整理后的社会支持量表维度及各维度题项见表3-3。

表3-3　社会支持量表维度及各维度题项

量表名称	年份	作者	项目数	维度	对应题项	评分法
社会支持评定量表	1994	肖水源	10	主观支持	1、3、4、5	第1—4、8—10题，每题只选一项，选择1、2、3、4项分别计1、2、3、4分；第5条分A、B、C、D四项，每项从无到全力支持分别计1到4分；第6、7题如回答“无任何来源”计0分，回答“下列来源”者，有几个来源就计几分。客观支持是2、6、7题计分之和，主观支持分是1、3、4、5题分数之和，支持利用程度是8、9、10题评分之和
				客观支持	2、6、7	
				社会支持利用程度	8、9、10	

因为本书的研究对象是大学生，所以笔者对量表个别的文字进行了修订，社会支持评定量表修订题项重测一致性系数为0.92，说明该量表在修订后仍具有较高的重测信度（见表3-4）。

表3-4　社会支持评定量表修订题项

题项	修改前	修改后
3	邻居	舍友
4	同事	同学
5	夫妻	恋人
6	配偶	恋人
7	配偶	恋人

3.4.4　就业核心竞争力量表

本书的就业核心竞争力量表以韩成曦编制的大学生就业核心竞争力量表为基础，共包含24个项目，由核心能力和品质观念两个维度构成，其中核心能力维度分为技术力、实践力、学习力、创新力和适应力五个构念，品质观念维度分为心理品质和职业观两个构念。该量表采用李克特五分量表法进行计分，从1到5表示“完全不重要”到“很重要”，总分越高，表明被测者的就业核心竞争力越强。该量表核心能力维度的克隆巴赫系数为0.905，品质观念维度的克隆巴赫系数为0.934，两个维度的克隆巴赫系数都高于0.7，表明该量表具有良好的内部一致性。经整理后的就业核心竞争力量表维度及各维度题项见表3-5。

表3-5　就业核心竞争力量表维度及各维度题项

<table>
<tr><th>量表名称</th><th>年份</th><th>作者</th><th>项目数</th><th>维度</th><th>构念</th><th>对应题项</th><th>评分法</th></tr>
<tr><td rowspan="3">就业核心竞争力量表</td><td rowspan="3">2014</td><td rowspan="3">韩成曦</td><td rowspan="3">24</td><td rowspan="3">核心能力</td><td>技术力</td><td>1、2、3</td><td rowspan="3">李克特五分量表法</td></tr>
<tr><td>实践力</td><td>4、5、6</td></tr>
<tr><td>学习力</td><td>7、8</td></tr>
</table>

（续表）

量表名称	年份	作者	项目数	维度	构念	对应题项	评分法
就业核心竞争力量表	2014	韩成曦	24	核心能力	创新力	9—12	李克特五分量表法
					适应力	13、14	
				品质观念	心理品质	15—20	
					职业观	21—24	

3.5 预试问卷施测程序与信效度检验

笔者在问卷施测过程中先通过预设问卷预测，即在检验了问卷的信效度后，再进行正式问卷的施测。

3.5.1 预试问卷调查施测程序

2023年4月28日晚上7：00—8：00，以班级为单位进行团体施测，每班由两名经过专业培训的主试负责，整个测试过程需要30分钟左右。

在预测问卷实施过程中，从六所院校中抽取450个学生作为预设问卷的施测对象。在问卷答完后，剔除无效问卷17份，回收有效问卷433份，回收率 96%。笔者将预设问卷收回后，以SPSS 24软件进行项目分析及信度分析，采用探索性因素分析法进行效度检验，验证问卷信效度，为建构正式问卷提供支持。

3.5.2 预试问卷项目分析及信效度检验

3.5.2.1 项目分析

项目分析是以预试问卷题目为对象，并逐题分析其可用程度。笔者按照吴明隆的项目分析规则，利用极端组比较、相关性检验与同质性检验三类方法对项目进行分析，采取只要有两个以上（含两个）指标未达标，则予以删除该题项的措施，以此作为项目分析的删题判断依据。

首先，进行极端组比较。根据题项分值区分出高分组与低分组，一般取样本中处于两端27%的题项作为两个极端组，再求出每一个题项的决断值（*CR*值），以此作为题项鉴别度的指标。*CR*值越大者，代表该题高低分组差异性越大，就越具有鉴别度。*CR*值大于3且差异达到显著性水平的，表示该题项可以有效鉴别高低分组的得分情形，应予以保留，未达显著水平的题项应予以剔除。

其次，进行相关性检验。一般可以根据CITC值和题项删除后的克隆巴赫系数这两个指标判断量表题项是否需要修改或删除。CITC值即校正后的题项与总分相关性，有些版本的SPSS软件也会显示为校正后题项与总分的相关性，是指题项之间的相关系数，一般以0.400为分界点。若CITC值小于0.400，说明题项之间的一致性不太好，需要进行修改或删除；若CITC值大于0.400，则无须改动。题项删除后的克隆巴赫系数是指删除该题项后，该维度中剩下的题项所得出的克隆巴赫系数，若题项删除后的克隆巴赫系数比维度原有题项的克隆巴赫系数的大，说明去掉该题项后维度的信度提高了，也说明了该题项在该维度内的一致性较差，需要删除，以提高量表的信度。因此，在信度分析中若出现某个维度的信度较低的现象，就需要计算该维度的每道题项的CITC值和题项删除后的克隆巴赫系数，根据指标对量表题目进行针对性的修改。

最后，进行同质性检验，主要包括两种方法。一是采用题项删除后的克隆巴赫系数，用于验证问卷量表项目的内部一致性，评估整份量表的可靠程度及稳定程度，对信度较低的评量项目进行修改或调整。为保证量表的稳定性，必须经过题项删除后的克隆巴赫系数验证，即以标准化的克隆巴赫系数值为基准。二是采用共同性与因素负荷量指标。共同性指标表示题项能解释共同特质或属性的变异量。例如，将社会参与量表限定为一个因素时，表示只有一个心理特质。如果题项共同性的数值越高，表明此题项能测量到的心理特质的程度越多；相反的，如果题项的共同性越低，表明此题项能测量到的心理特质的程度越少。共同性较低的题项与量表的同质性较少，该题项可考虑删除。至于因素负荷量指标则表示题项与因素（心理特质）关系的程度，题项在共同因素的因素负荷量越高，表示该题项与共同因素（总量表）的关系越密切，即其同质性越高。相对的，题项在共同因素的因素负荷量越低，表示该题项与共同因素（总量表）的关系越不密切，即其同质性越低。利用主成分分析法，在抽取最大主成分下，对于其共同性未达0.200的题项，建议删除。因素负荷量按照大于0.500的标准作为删除题项的依据。

下面将分别对数字素养、心理资本、社会支持与就业核心竞争力四个量表进行项目分析。

（1）数字素养量表项目分析

对于数字素养量表的项目分析，按照吴明隆的项目分析规则，分别对项目进行极端组比较、相关性检验和同质性检验，共六个判断标准，采取只要两个以上（含两个）指标未达标，则予以删除该题项的措施。由表3-6数字素养量表项目分析表可以发现，在极端组比较中的*CR*值比较方面，数字素养各个题项*CR*值在11.754～17.887，均大于3.00的判断标准。在相关性检验方面，数字素养各个题项与总分的相关系数在0.694～0.783，均大于0.400的判断标准且都达到显著性水平；校正后各个题项与总分相关系数在0.663～0.756，均大于0.400的判断标准。在同质性检验方面，数字素养各个题项删除后的克隆巴赫系数在0.953～0.960，均符合小于0.962的判断标准；各题项共同性在0.482～0.613，均大于0.200的判断标准；各题项因素负荷量在 0.694～0.783，均大于0.500的判断标准。

总的来说，根据数字素养量表项目分析中的极端组比较、相关性检验及同质性检验三个方面的数据显示，该量表中所有题项的六个指标均达到标准值，故无须删除题项，所有题项予以保留，表示该量表具有良好的鉴别度（见表3-6）。

表3-6　数字素养量表项目分析表

构面	题项	极端组比较	相关性检验		同质性检验			未达指标数	备注
		CR 值	题项与总分相关系数	校正后题项与总分相关系数	题项删除后的克隆巴赫系数	共同性	因素负荷量		
选题标准		≥ 3.00	≥ 0.400	≥ 0.400	< 0.962	≥ 0.200	≥ 0.500		
工具和技术域	1-1	12.995**	0.729**	0.699	0.960	0.531	0.783	0	保留
	1-2	13.996**	0.701**	0.699	0.960	0.490	0.775	0	保留
信息域	1-3	12.814**	0.747**	0.718	0.953	0.558	0.775	0	保留
	1-4	17.312**	0.775**	0.748	0.959	0.601	0.768	0	保留
	1-5	13.975**	0.751**	0.723	0.960	0.564	0.765	0	保留
交流域	1-7	13.201**	0.713**	0.681	0.958	0.507	0.755	0	保留
	1-8	15.182**	0.734**	0.704	0.959	0.539	0.755	0	保留
	1-9	13.008**	0.72**	0.690	0.955	0.518	0.753	0	保留
内容创建域	1-10	15.307**	0.776**	0.747	0.960	0.600	0.753	0	保留
	1-11	14.849**	0.763**	0.733	0.959	0.580	0.750	0	保留
	1-12	15.509**	0.755**	0.726	0.960	0.569	0.751	0	保留
安全域	1-13	13.071**	0.728**	0.697	0.960	0.529	0.747	0	保留
	1-14	13.033**	0.733**	0.705	0.958	0.540	0.735	0	保留
	1-15	13.395**	0.721**	0.689	0.957	0.517	0.734	0	保留
	1-16	17.887**	0.783**	0.756	0.960	0.613	0.729	0	保留
	1-17	13.172**	0.75**	0.722	0.954	0.564	0.728	0	保留
问题解决域	1-18	14.049**	0.753**	0.724	0.955	0.567	0.720	0	保留
	1-19	11.754**	0.694**	0.663	0.956	0.482	0.719	0	保留
	1-20	14.329**	0.752**	0.724	0.960	0.567	0.712	0	保留
	1-21	13.907**	0.754**	0.726	0.956	0.570	0.700	0	保留
	1-22	13.359**	0.764**	0.736	0.960	0.585	0.694	0	保留

注：*表示 $p<0.05$，数据有统计学差异；**表示 $p<0.01$，数据有显著统计学差异；***表示 $p<0.001$，数据有极其显著的统计学差异。

（2）心理资本量表项目分析

对于心理资本量表的项目分析，按照吴明隆的项目分析规则，分别对项目进行极端组比较、相关性检验与同质性检验，共六个判断标准，采取只要有两个以上（含两个）指标未达标，则予以删除该题项的措施。由表3-7心理资本量表项目分析表可以发现，在极端组比较中的*CR*值比较方面，心理资本各个题项的*CR*值在9.903～14.661，均大于3.00的判断标准且都达到显著性水平。在相关性检验方面，心理资本所有维度内题项与总分的相关系数在0.626～0.764，均大于0.400的判断标准且都达到显著的水平；校正后题项与总分相关系数在0.649～0.732，均大于0.400的判断标准。在同质性检验方面，所有题项删除后的克隆巴赫系数在0.930～0.966，都符合小于0.967的判断标准；各题项共同性在0.486～0.603，均大于0.200的判断标准；各题项因素负荷量在0.697～0.776，均大于0.500的判断标准。

总的来说，心理资本量表项目分析中的极端组比较、相关性检验及同质性检验三个方面的数据显示，该量表中所有题项的六个指标均达到标准值，故无须删除题项，所有题项予以保留，表示该量表具有良好的鉴别度（见表3-7）。

表3-7　心理资本量表项目分析表

构面	题项	极端组比较	相关性检验		同质性检验			未达指标数	备注
		***CR*值**	题项与总分相关系数	校正后题项与总分相关系数	题项删除后的克隆巴赫系数	共同性	因素负荷量		
选题标准		**≥3.00**	**≥0.400**	**≥0.400**	**＜0.967**	**≥0.200**	**≥0.500**		
自我效能	2-1	12.000**	0.691**	0.649	0.966	0.486	0.776	0	保留
	2-2	13.439**	0.724**	0.682	0.966	0.523	0.769	0	保留
	2-3	13.541**	0.752**	0.712	0.966	0.566	0.769	0	保留
	2-4	14.143**	0.733**	0.691	0.964	0.538	0.755	0	保留

（续表）

构面	题项	极端组比较	相关性检验		同质性检验			未达指标数	备注
		CR 值	题项与总分相关系数	校正后题项与总分相关系数	题项删除后的克隆巴赫系数	共同性	因素负荷量		
选题标准		≥ 3.00	≥ 0.400	≥ 0.400	< 0.967	≥ 0.200	≥ 0.500		
自我效能	2-5	14.661**	0.764**	0.724	0.964	0.603	0.754	0	保留
	2-6	14.448**	0.762**	0.723	0.965	0.591	0.753	0	保留
	2-7	13.549**	0.736**	0.696	0.965	0.544	0.753	0	保留
韧性	2-8	14.186**	0.725**	0.684	0.960	0.546	0.752	0	保留
	2-9	13.200**	0.723**	0.681	0.960	0.536	0.752	0	保留
	2-10	13.945**	0.751**	0.721	0.961	0.568	0.751	0	保留
	2-11	10.587**	0.648**	0.691	0.930	0.560	0.748	0	保留
	2-12	10.294**	0.661**	0.702	0.940	0.554	0.746	0	保留
	2-13	10.855**	0.669**	0.712	0.945	0.564	0.745	0	保留
	2-14	9.903**	0.626**	0.672	0.955	0.498	0.744	0	保留
希望	2-15	13.493**	0.743**	0.703	0.954	0.556	0.743	0	保留
	2-16	12.358**	0.723**	0.681	0.953	0.532	0.739	0	保留
	2-17	12.272**	0.739**	0.697	0.966	0.567	0.758	0	保留
	2-18	13.826**	0.747**	0.707	0.964	0.553	0.732	0	保留
	2-19	14.024**	0.736**	0.694	0.962	0.531	0.733	0	保留
	2-20	11.484**	0.691**	0.732	0.963	0.591	0.732	0	保留
乐观	2-21	14.020**	0.752**	0.712	0.962	0.565	0.729	0	保留
	2-22	13.208**	0.739**	0.699	0.964	0.570	0.729	0	保留
	2-23	13.68**	0.743**	0.703	0.966	0.569	0.723	0	保留
	2-24	14.248**	0.743**	0.700	0.965	0.557	0.722	0	保留
	2-25	12.993**	0.727**	0.684	0.966	0.522	0.706	0	保留
	2-26	14.653**	0.727**	0.686	0.964	0.538	0.697	0	保留

注：*表示 $p<0.05$，数据有统计学差异；**表示 $p<0.01$，数据有显著统计学差异；***表示 $p<0.001$，数据有极其显著的统计学差异。

（3）社会支持量表项目分析

对于社会支持量表的项目分析，按照吴明隆的项目分析规则，分别对项目进行极端组比较、相关性检验和同质性检验，共六个判断标准，采取只要两个以上（含两个）指标未达标，则予以删除该题项的标准。由表3-8社会支持量表项目分析表可以发现，在极端组比较中的*CR*值比较方面，社会支持各个题项*CR*值在4.851～23.806，均大于3.00的判断标准。在相关性检验方面，社会支持各个题项与总分的相关性在0.273～0.735，除3-2题总分的相关系数为0.273之外，其他题项均大于0.400的判断标准且都达到显著性水平；校正后题项与总分相关系数在0.193～0.583，除3-2题校正后题项与总分相关系数为0.193之外，其他题项均大于0.400的判断标准。在同质性检验方面，社会支持各个题项删除后的克隆巴赫系数在0.708～0.759，除3-2题删除后的克隆巴赫系数为0.759之外，其他题项都符合小于0.756的判断标准。各题项共同性在0.325～0.817，均大于0.200的判断标准。各题项因素负荷量在0.502～0.888，均大于0.500的判断标准。

总的来说，在社会支持量表项目分析中的极端组比较、相关性检验及同质性检验三个方面的数据显示，该量表中3-2题有三项未达标指数，其余题项的六个指标均达到标准值，故删除题项3-2，其余所有题项予以保留（见表3-8）。

表3-8　社会支持量表项目分析表

构面	题项	极端组比较	相关性检验		同质性检验			未达指标数	备注
		CR 值	题项与总分相关系数	校正后题项与总分相关系数	题项删除后的克隆巴赫系数	共同性	因素负荷量		
选题标准		≥ **3.00**	≥ **0.400**	≥ **0.400**	< **0.756**	≥ **0.200**	≥ **0.500**		
主观支持	3-1	17.136	0.617	0.55	0.732	0.512	0.502	0	保留
	3-3	13.645	0.574	0.501	0.736	0.325	0.803	0	保留

（续表）

构面	题项	极端组比较	相关性检验		同质性检验			未达指标数	备注
		CR 值	题项与总分相关系数	校正后题项与总分相关系数	题项删除后的克隆巴赫系数	共同性	因素负荷量		
选题标准		≥ 3.00	≥ 0.400	≥ 0.400	＜0.756	≥ 0.200	≥ 0.500		
主观支持	3-4	18.697	0.612	0.501	0.736	0.686	0.604	0	保留
	3-5	15.299	0.701	0.534	0.730	0.688	0.551	0	保留
客观支持	3-2	4.851	0.273	0.193	0.759	0.412	0.814	0	删除
	3-6	22.256	0.675	0.431	0.738	0.809	0.888	0	保留
	3-7	23.806	0.735	0.489	0.732	0.817	0.864	0	保留
社会支持利用度	3-8	13.865	0.538	0.466	0.754	0.723	0.864	0	保留
	3-9	13.241	0.527	0.494	0.728	0.766	0.832	0	保留
	3-10	19.199	0.579	0.583	0.708	0.478	0.547	0	保留

注：*表示 $p<0.05$，数据有统计学差异；**表示 $p<0.01$，数据有显著统计学差异；***表示 $p<0.001$，数据有极其显著的统计学差异。

（4）就业核心竞争力量表项目分析

对于就业核心竞争力量表的项目分析，按照吴明隆的项目分析规则，分别对项目进行极端组比较、相关性检验和同质性检验，共六个判断标准，采取只要两个以上（含两个）指标未达标，则予以删除该题项的措施。由表3-9就业核心竞争力量表项目分析表可以发现，在极端组比较中的*CR*值比较方面，就业核心竞争力各个题项*CR*值在10.950～16.840，均大于判断标准3.00。在相关性检验方面，就业核心竞争力各个题项与总分的相关系数在0.702～0.788，均大于判断标准0.400且都达到显著性水平。校正后题项与总分的相关系数在0.674～0.764，均大于判断标准0.400。在同质性检验方面，就业核心竞争力各个题项删除后的克隆巴赫系数值在0.959～0.964，均符合小于0.965的判断标准；各题项共同性在0.493～0.622，均大于0.200的判断标准；各题项因素负荷量在

0.702～0.789，均大于0.500的判断标准。

总的来说，在就业核心竞争力量表项目分析中的极端组比较、相关性检验及同质性检验三个方面的数据显示，该量表中所有题项的六个指标均达到标准值，故无须删除题项，所有题项予以保留，表明该量表具有良好的鉴别度（见表3-9）。

表3-9　就业核心竞争力量表项目分析表

构面	题项	极端组比较	相关性检验		同质性检验			未达指标数	备注
		CR 值	题项与总分相关系数	校正后题项与总分相关系数	题项删除后的克隆巴赫系数	共同性	因素负荷量		
选题标准		≥ 3.00	≥ 0.400	≥ 0.400	< 0.965	≥ 0.200	≥ 0.500		
技术力	4-1	13.965**	0.739**	0.713	0.963	0.547	0.789	0	保留
	4-2	13.203**	0.739**	0.711	0.963	0.544	0.786	0	保留
	4-3	14.323**	0.786**	0.762	0.963	0.618	0.784	0	保留
实践力	4-4	10.950**	0.705**	0.678	0.964	0.499	0.773	0	保留
	4-5	13.541**	0.716**	0.688	0.964	0.512	0.761	0	保留
	4-6	14.680**	0.744**	0.718	0.963	0.555	0.756	0	保留
学习力	4-7	13.079**	0.719**	0.691	0.962	0.516	0.755	0	保留
	4-8	13.197**	0.754**	0.729	0.961	0.570	0.754	0	保留
创新力	4-9	16.840**	0.784**	0.760	0.960	0.615	0.751	0	保留
	4-10	14.018**	0.727**	0.700	0.964	0.529	0.749	0	保留
	4-11	11.832**	0.702**	0.674	0.964	0.493	0.746	0	保留
	4-12	11.247**	0.704**	0.674	0.963	0.494	0.745	0	保留
适应力	4-13	13.425**	0.773**	0.748	0.964	0.596	0.742	0	保留
	4-14	14.147**	0.760**	0.735	0.962	0.579	0.740	0	保留
心理品质	4-15	16.455**	0.788**	0.764	0.961	0.622	0.740	0	保留
	4-16	12.764**	0.728**	0.700	0.960	0.529	0.738	0	保留

（续表）

构面	题项	极端组比较	相关性检验		同质性检验			未达指标数	备注
		CR **值**	**题项与总分相关系数**	**校正后题项与总分相关系数**	**题项删除后的克隆巴赫系数**	**共同性**	**因素负荷量**		
选题标准		**≥ 3.00**	**≥ 0.400**	**≥ 0.400**	**< 0.965**	**≥ 0.200**	**≥ 0.500**		
心理品质	4-17	14.785**	0.754**	0.728	0.963	0.569	0.731	0	保留
	4-18	13.228**	0.742**	0.715	0.960	0.550	0.728	0	保留
	4-19	13.391**	0.730**	0.703	0.959	0.534	0.727	0	保留
	4-20	15.002**	0.746**	0.719	0.963	0.556	0.719	0	保留
职业观	4-21	13.700**	0.748**	0.722	0.964	0.560	0.716	0	保留
	4-22	13.533**	0.751**	0.725	0.963	0.564	0.706	0	保留
	4-23	14.478**	0.756**	0.730	0.960	0.572	0.703	0	保留
	4-24	13.808**	0.741**	0.713	0.959	0.547	0.702	0	保留

注：*表示 $p<0.05$，数据有统计学差异；**表示 $p<0.01$，数据有显著统计学差异；***表示 $p<0.001$，数据有极其显著的统计学差异。

综上所述，经过对数字素养、心理资本、社会支持与就业核心竞争力四个量表的项目分析检测，除了社会支持量表中3-2题有三项未达标指数，删除该题项之外，其余题项的指标均达到标准值。然后，需要继续针对四个量表分别进行信效度检验。

3.5.2.2　信效度检验

（1）数字素养量表信效度检验

利用SPSS 24软件，采用探索性因素分析法，以主成分分析法和最大变异法检验数字素养量表的信度和效度。表3-10数字素养量表的因素分析及信效度分析结果显示，量表值KMO值为0.974，巴特利特（Bartlett）球形检验近似卡方值为3107.847（*P* 值<0.001），代表该量表适合采用因素分析法。该量表共萃取六个因子，分别为工具和技术域、信息域、交流域、内容创建域、安全域和解决问题域。六个因子内题项的因素

负荷量都大于0.500的标准值，分别介于0.775～0.783、0.765～0.775、0.753～0.762、0.750～0.753、0.728～0.747、0.694～0.720；各构面特征值介于1.529～3.141；各构面解释变异量分别为7.400%、10.493%、12.371%、9.995%、15.005%、15.203%；累计总解释变异量为70.468%。以上数据表明该量表具有良好效度（见表3-10）。

表3-10　数字素养量表的因素分析及信效度分析

构面	题项	因素负荷	转轴后平方负荷量		克隆巴赫系数
			特征值	解释变异量%	
工具和技术域	1-1	0.783	1.529	7.400%	0.691
	1-2	0.775			
信息域	1-3	0.775	2.168	10.493%	0.807
	1-4	0.768			
	1-5	0.765			
交流域	1-6	0.762	2.556	12.371%	0.812
	1-7	0.755			
	1-8	0.755			
	1-9	0.753	2.556	12.371%	0.812
内容创建域	1-10	0.753	2.065	9.995%	0.774
	1-11	0.750			
	1-12	0.751			
安全域	1-13	0.747	3.100	15.005%	0.846
	1-14	0.735			
	1-15	0.734			
	1-16	0.729			
	1-17	0.728			
解决问题域	1-18	0.720	3.141	15.203%	0.852
	1-19	0.719			
	1-20	0.712			

（续表）

构面	题项	因素负荷	转轴后平方负荷量		克隆巴赫系数
			特征值	解释变异量%	
解决问题域	1-21	0.700	3.141	15.203%	0.852
	1-22	0.694			
累积总解释变异量：70.468%					
量表整体的克隆巴赫系数：0.962					

本量表采用克隆巴赫系数进行信度考验，分析结果显示，量表内工具和技术域、信息域、交流域、内容创建域、安全域、问题解决域六因子的克隆巴赫系数分别为0.691、0.807、0.812、0.774、0.846、0.852，量表整体的克隆巴赫系数为0.962。按照农纳利（Nunnally）的观点，当克隆巴赫系数大于0.700时，表明该量表具有内部一致性。

（2）心理资本量表信效度检验

利用SPSS 24软件，采用探索性因素分析法，以主成分分析法和最大变异法检验心理资本量表的信度和效度。表3-11心理资本量表的因素分析及信效度分析结果显示，量表值KMO值为0.975，巴特利特球形检验近似卡方值为3807.675（$p<0.001$），代表该量表适合采用因素分析法。该量表共取四个因子，分别为自我效能、韧性、希望、乐观。四个因子各题项的因素负荷量都大于0.500的标准值，分别介于0.753～0.776、0.744～0.752、0.732～0.758、0.697～0.729；各构面特征值介于3.675～4.238；各构面解释变异量分别为20.705%、20.363%、18.184%、17.955%；累计总解释变异量为77.207%。以上数据表明该量表具有良好的效度（见表3-11）。

表3-11　心理资本量表的因素分析及信效度分析

构面	题项	因素负荷	转轴后平方负荷量		克隆巴赫系数
			特征值	解释变异量%	
自我效能	2-1	0.776	4.238	20.705%	0.891

（续表）

构面	题项	因素负荷	转轴后平方负荷量		克隆巴赫系数
			特征值	解释变异量％	
自我效能	2-2	0.769	4.238	20.705%	0.891
	2-3	0.769			
	2-4	0.755			
	2-5	0.754			
	2-6	0.753			
	2-7	0.753			
韧性	2-8	0.752	4.168	20.363%	0.886
	2-9	0.752			
	2-10	0.751	4.168	20.363%	0.886
	2-11	0.748			
	2-12	0.746			
	2-13	0.745			
	2-14	0.744			
希望	2-15	0.743	3.722	18.184%	0.877
	2-16	0.739			
	2-17	0.758			
	2-18	0.732			
	2-19	0.733			
	2-20	0.732			
乐观	2-21	0.729	3.675	17.955%	0.873
	2-22	0.729			
	2-23	0.723			
乐观	2-24	0.722	3.675	17.955%	0.873
	2-25	0.706			
	2-26	0.697			
累积总解释变异量：77.207%					
量表整体的克隆巴赫系数：0.967					

本量表采用克隆巴赫系数进行信度检验，分析结果显示，量表内

自我效能、韧性、希望、乐观四因子的克隆巴赫系数分别为0.891、0.886、0.877、0.873，量表整体的克隆巴赫系数为0.967。按照农纳利（Nunnally）的观点，当克隆巴赫系数大于0.700时，表明该量表具有良好的内部一致性。

（3）社会支持量表信效度检验

利用SPSS 24软件，采用探索性因素分析法，以主成分分析法和最大变异法检验社会支持量表的信效度。表3-12社会支持量表的因素分析及信效度分析结果显示，量表值KMO值为0.784，巴特利特球形检验近似卡方值为1848.459（*P* 值＜0.001），代表该量表适合采用因素分析法。该量表共萃取三个因子，分别为主观支持、客观支持、社会支持利用程度。三个因子内题项的因素负荷量都符合大于0.500的标准值，分别介于0.572～0.849、0.873～0.913、0.544～0.862；各构面特征值分别为3.652、1.182和1.233；各构面解释变异量分别为40.576%、13.129%、13.696%；累计总解释变异量67.401%。以上数据表明该量表具有良好的效度（见表3-12）。

表3-12　社会支持量表的因素分析及信效度分析

构面	题项	因素负荷	转轴后平方负荷量		克隆巴赫系数
			特征值	解释变异量 %	
主观支持	3-1	0.849	3.652	40.576%	0.600
	3-3	0.830			
	3-4	0.647			
	3-5	0.572			
客观支持	3-6	0.913	1.182	13.129%	0.830
	3-7	0.873			
社会支持利用度	3-8	0.862	1.233	13.696%	0.710
	3-9	0.832			
	3-10	0.544			
累积总解释变异量：67.401%					
量表整体的克隆巴赫系数：0.759					

本量表采用克隆巴赫系数进行信度考验，分析结果显示，量表内主观支持、客观支持、社会支持利用程度三因子克隆巴赫系数分别为0.600、0.830、0.710，量表整体的克隆巴赫系数为0.759。按照农纳利（Nunnally）的观点，当克隆巴赫系数大于0.700时，表明该量表具有良好的内部一致性。

（4）就业核心竞争力量表信效度检验

利用SPSS 24软件，采用探索性因素分析法，以主成分分析法和最大变异法检验就业核心竞争力量表的信效度。表3-13就业核心竞争力量表的因素分析及信效度分析结果显示，量表值KMO值为0.980，巴特利特球形检验近似卡方值为3415.063（P 值＜0.05），代表该量表适合采用因素分析法。该量表共萃取核心能力和品质观念两个维度、七个因子，七个因子分别是核心能力维度下的技术力、实践力、学习力、创新力、心理品质和职业观。七个因子各题项的因素负荷量都符合大于0.500的标准值，分别介于0.784～0.789、0.756～0.773、0.754～0.755、0.745～0.751、0.740～0.742、0.719～0.740、0.702～0.716；各构面特征值介于1.542～3.714；各构面解释变异量分别为9.32%、8.819%、6.861%、11.266%、7.048%、16.526%和11.813%；累计总解释变异量为71.655%。以上数据表明该量表具有良好的效度（见表3-13）。

表3-13 就业核心竞争力量表的因素分析及信效度分析

构面	题项	因素负荷	转轴后平方负荷量		克隆巴赫系数
			特征值	解释变异量%	
技术力	4-1	0.789	2.095	9.32%	0.783
	4-2	0.786			
	4-3	0.784			
实践力	4-4	0.773	1.982	8.819%	0.742
	4-5	0.761			
	4-6	0.756			
学习力	4-7	0.755	1.542	6.861%	0.703

（续表）

构面	题项	因素负荷	转轴后平方负荷量		克隆巴赫系数
			特征值	解释变异量 %	
学习力	4-8	0.754	1.542	6.861%	0.703
创新力	4-9	0.751	2.532	11.266%	0.807
	4-10	0.749			
	4-11	0.746			
	4-12	0.745			
适应力	4-13	0.742	1.584	7.048%	0.737
	4-14	0.740			
心理品质	4-15	0.740	3.714	16.526%	0.877
	4-16	0.738			
	4-17	0.731			
	4-18	0.728			
	4-19	0.727			
	4-20	0.719			
职业观	4-21	0.716	2.655	11.813%	0.831
	4-22	0.706			
职业观	4-23	0.703	2.655	11.813%	0.831
	4-24	0.702			
累积总解释变异量：71.655%					
量表整体的克隆巴赫系数：0.965					

本量表采用克隆巴赫系数进行信度检验，分析结果显示，量表内技术力、实践力、学习力、创新力、适应力、心理品质、职业观七因子的克隆巴赫系数，分别为0.783、0.742、0.703、0.807、0.737、0.877、0.831，量表整体的克隆巴赫系数为0.965。按照农纳利（Nunnally）的观点，当克隆巴赫系数大于0.700时，表明该量表具有良好的内部一致性。

综上所述，通过对数字素养、心理资本、社会支持、就业核心竞争力四个量表的项目分析及信度效度检验，四个量表皆保留所有题项，由此编制成正式问卷。

3.6 正式问卷施测程序与模型评价

笔者在预试问卷修订三周后，重新抽取样本，向其发放正式问卷。为保持此次调查的严谨性，确保正式问卷的一致性及可靠性，笔者对回收后的正式问卷采用SPSS 24软件及AMOS 22.0软件进行了信效度验证。

3.6.1 正式问卷调查施测程序

在预试问卷修订三周后发放正式问卷，排除参加过预试问卷的班级，再从六所本科院校中抽取1300名学生作为正式问卷的施测对象。同样利用晚自习时间进行施测，其他施测程序与预试问卷一致。在问卷答完后，剔除无效问卷19份，回收有效问卷1281份，回收率为98.5%。为检验该样本是否符合常态分布，笔者对全部数据进行常态性检定。检测结果显示，偏态系数（Skew）绝对值均小于3的标准值，峰度系数（Kurtosis）绝对值均小于10的标准值，表示该样本数据符合常态分布。另外，为证实正式问卷的一致性及可靠性，笔者将正式问卷收回后，以SPSS 24软件对问卷进行了内部一致性检验，以 AMOS 22.0软件采用验证性因素分析法进行了效度检验。

3.6.2 模型评价

评价测量模型的方法包括常态性检定、违犯估计检验、模型适配度检验、收敛效度检验、区别效度检验。

3.6.2.1 常态性检定

结构方程模型中估计方法的选择是以资料分配为依据，若样本资料属于多元正态分布，则以极大似然估计法为主；若资料属于非多元正态分布，则应以渐进分配自由法（ADF）为主。

在结构方程模型中，可以从观察变项的常态性和观察变项整合后的多元常态性这两个角度验证多元常态性的假设。当观察变项的偏态和峰度的绝对值同时满足小于2的条件时，则可认为此观察变项符合常态性。同时，可以借助 Mardia 系数对多元常态性的假设进行检验。该系数是一般常用的多元峰度指标，用来判定多元常态性假设。当 Mardia 系数小于 N（N+2）时，其中N为观察变项的个数，则可以认为该指标符合多元常态性。

正如表3-14至表3-17所示的数字素养量表、心理资本量表、社会支持量表、就业核心竞争力量表的验证分析表中，可发现四个量表中观察变项的偏态值（SK）分别为-1.175～-0.632、-1.271～-0.079、-1.457～0.630、-0.981～-0.427，峰度值（KU）分别为-0.326～1.954、-1.268～1.952、-1.428～1.014、-0.146～1.508，偏态和峰度的绝对值皆小于2，因此四个量表的所有观察变项具有单变数常态性。另外，验证量表的多元正态性时，数字素养量表的Mardia系数为512.321，小于N（N+2）=528；心理资本量表的Mardia系数为560.510，小于N（N+2）=728；社会支持量表的Mardia系数为9.164，小于N（N+2）=99；就业核心竞争力量表的Mardia 系数为619.408，小于N（N+2）=624，因此，数字素养量表、心理资本量表、社会支持量表以及就业核心竞争力量表皆符合多元正态性。综上所述，本次研究已符合采用极大似然估计法进行模型评价的要求（见表3-14、表3-15、表3-16、表3-17）。

表3-14　数字素养量表的验证分析表

观察变项	SK	KU	SFL（t）	SE	EV	CR	AVE
工具和技术域						0.843	0.792
1-1	-0.874	0.748	0.946***（10.383）	0.012	0.122		
1-2	-0.758	0.208	0.938***（9.242）	0.011	0.098		
信息域						0.925	0.805
1-3	-0.983	0.874	0.887***（14.008）	0.008	0.114		
1-4	-1.175	1.823	0.875***（15.638）	0.012	0.186		

（续表）

观察变项	SK	KU	SFL（t）	SE	EV	CR	AVE
1-5	-0.950	0.987	0.928***（14.854）	0.013	0.196		
交流域						0.962	0.863
1-6	-1.057	1.304	0.943***（13.988）	0.006	0.88		
1-7	-1.011	1.184	0.940***（14.132）	0.007	0.095		
1-8	-1.044	1.266	0.944***（13.869）	0.006	0.089		
1-9	-1.253	1.954	0.888***（16.851）	0.033	0.552		
内容创建域						0.896	0.745
1-10	-1.001	1.158	0.929***（13.692）	0.010	0.131		
1-11	-1.163	1.706	0.914***（12.146）	0.009	0.111		
1-12	-0.632	-0.326	0.732***（16.328）	0.015	0.250		
安全域						0.962	0.936
1-13	-0.814	0.321	0.865***（15.742）	0.012	0.181		
1-14	-0.975	0.826	0.895***（14.103）	0.007	0.101		
1-15	-1.024	1.107	0.939***（13.817）	0.006	0.089		
1-16	-1.042	1.170	0.945***（15.136）	0.008	0.120		
1-17	-1.088	1.440	0.921***（14.459）	0.007	0.103		
问题解决域						0.971	0.870
1-18	-0.863	0.559	0.941***（13.891）	0.006	0.084		
1-19	-0.977	1.128	0.949***（14.199）	0.006	0.089		
1-20	-0.909	0.804	0.946***（15.289）	0.008	0.117		
1-21	-0.951	1.101	0.924***（15.958）	0.010	0.166		
1-22	-0.832	0.539	0.904***（15.795）	0.010	0.164		
Mardia 系数为 512.321　$N(N+2)=528$							

注：*表示 $p<0.05$，数据有统计学差异；**表示 $p<0.01$，数据有显著统计学差异；***表示 $p<0.001$，数据有极其显著的统计学差异。

资料来源：本书整理。

表3-15　心理资本量表的验证分析表

观察变项	SK	KU	SFL（*t*）	SE	EV	CR	AVE
自我效能						0.953	0.773
2-1	-0.317	-0.009	0.833***（14.507）	0.009	0.124		
2-2	-0.224	-0.305	0.830***（14.449）	0.009	0.136		
2-3	-0.848	0.727	0.899***（14.665）	0.009	0.130		
2-4	-0.545	0.168	0.896***（14.935）	0.010	0.155		
2-5	-1.021	1.358	0.908***（15.008）	0.010	0.154		
2-6	-0.946	1.148	0.906***（16.026）	0.016	0.259		
2-7	-1.082	1.923	0.903***（15.993）	0.016	0.249		
韧性						0.848	0.518
2-8	-0.720	0.08	0.269***（9.952）	0.043	0.430		
2-9	-0.986	1.118	0.226***（10.242）	0.041	0.424		
2-10	-0.849	0.551	0.328***（11.123）	0.046	0.514		
2-11	-0.382	-0.944	0.837***（11.660）	0.040	0.468		
2-12	-0.079	-1.268	0.853***（17.434）	0.049	0.846		
2-13	-0.217	-1.117	0.864***（17.596）	0.044	0.768		
2-14	-0.151	-1.197	0.868***（17.524）	0.052	0.917		
希望						0.924	0.696
2-15	-1.143	1.598	0.871***（15.949）	0.012	0.195		
2-16	-1.194	1.883	0.894***（15.481）	0.010	0.155		
2-17	-1.198	1.952	0.947***（13.133）	0.006	0.076		
2-18	-1.094	1.611	0.928***（14.405）	0.007	0.104		
2-19	-1.123	1.636	0.913***（15.048）	0.009	0.128		
2-20	-0.253	-1.216	0.169***（17.703）	0.103	1.828		
乐观						0.937	0.713
2-21	-0.818	0.345	0.741***（16.807）	0.026	0.434		
2-22	-0.665	0.089	0.747***（16.784）	0.026	0.418		
2-23	-1.201	1.887	0.848***（16.028）	0.014	0.221		

（续表）

观察变项	SK	KU	SFL（t）	SE	EV	CR	AVE
2-24	-1.023	1.557	0.846***（16.020）	0.013	0.210		
2-25	-1.271	1.913	0.935***（12.978）	0.007	0.086		
2-26	-1.255	1.917	0.929***（13.448）	0.008	0.101		
Mardia 系数为 560.510　N（N+2）＝728							

注：*表示 $p<0.05$，数据有统计学差异；**表示 $p<0.01$，数据有显著统计学差异；***表示 $p<0.001$，数据有极其显著的统计学差异。

资料来源：本书整理。

表3-16　社会支持量表的验证分析表

观察变项	SK	KU	SFL（t）	SE	EV	CR	AVE
主观支持						0.774	0.500
3-1	0.031	-0.921	0.623***（14.682）	0.025	0.363		
3-3	-1.457	1.014	0.744***（12.590）	0.021	0.266		
3-4	-0.856	-0.374	0.809***（9.816）	0.027	0.264		
3-5	-1.032	0.808	0.526***（15.995）	0.286	4.577		
客观支持						0.654	0.510
3-6	0.630	0.125	0.737***（1.001）	0.196	1.795		
3-7	0.388	-0.098	0.963（9.157）	0.270	0.272		
社会支持利用程度						0.745	0.502
3-8	-0.391	-1.193	0.718**（11.478）	0.044	0.510		
3-9	-0.620	-0.647	0.750***（0.080）	0.038	0.380		
3-10	-0.109	-1.428	0.577***（14.215）	0.041	0.589		
Mardia 系数为 9.164　N（N+2）＝99							

注：*表示 $p<0.05$，数据有统计学差异；**表示 $p<0.01$，数据有显著统计学差异；***表示 $p<0.001$，数据有极其显著的统计学差异。

资料来源：本书整理。

表3-17　就业核心竞争力量表的验证分析表

观察变项	SK	KU	SFL（*t*）	SE	EV	CR	AVE
技术力						0.803	0.627
4-1	-0.555	0.307	0.924***（13.438）	0.007	0.099		
4-2	-0.458	0.027	0.852***（15.878）	0.015	0.240		
4-3	-0.448	-0.068	0.947***（11.209）	0.006	0.070		
实践力						0.930	0.816
4-4	-0.761	0.472	0.869***（15.770）	0.014	0.214		
4-5	-0.557	0.344	0.934***（13.713）	0.006	0.082		
4-6	-0.528	0.136	0.906***（14.968）	0.009	0.141		
学习力						0.945	0.852
4-7	-0.573	0.298	0.928***（13.390）	0.007	0.097		
4-8	-0.517	0.195	0.941***（12.005）	0.006	0.073		
创新力						0.969	0.886
4-9	-0.523	0.029	0.931***（14.761）	0.006	0.089		
4-10	-0.427	-0.146	0.948***（13.634）	0.005	0.067		
4-11	-0.517	0.114	0.950***（13.551）	0.005	0.063		
4-12	-0.447	-0.096	0.936***（14.484）	0.005	0.074		
适应力						0.925	0.769
4-13	-0.688	0.599	0.933***（11.006）	0.006	0.071		
4-14	-0.663	0.338	0.915***（12.725）	0.008	0.098		
心理品质						0.982	0.903
4-15	-0.848	0.871	0.947***（14.939）	0.004	0.053		
4-16	-0.942	1.272	0.925***（15.833）	0.005	0.079		
4-17	-0.974	1.508	0.952***（14.949）	0.003	0.046		
4-18	-0.967	1.250	0.955***（14.781）	0.003	0.045		
4-19	-0.981	1.455	0.962***（13.958）	0.003	0.036		
4-20	-0.927	1.373	0.959***（14.207）	0.003	0.039		
职业观						0.967	0.880
4-21	-0.812	0.651	0.921***（14.801）	0.006	0.093		

（续表）

观察变项	SK	KU	SFL（*t*）	SE	EV	CR	AVE
4-22	-0.911	1.056	0.945***（13.188）	0.004	0.057		
4-23	-0.819	0.805	0.938***（13.801）	0.005	0.066		
4-24	-0.805	0.739	0.949***（13.209）	0.004	0.054		
Mardia 系数为 619.408　*N*（*N*+2）＝624							

注：*表示 $p<0.05$，数据有统计学差异；**表示 $p<0.01$，数据有显著统计学差异；***表示 $p<0.001$，数据有极其显著的统计学差异。

资料来源：本书整理。

3.6.2.2　违犯估计检验

所谓违犯估计，是指在测量模型或结构模型中，所输出的估计参数超出了可以接受的范围，即这个模型有不适当的解。当存在违犯估计的现象时，则表示该模型的估计不够准确，必须另行处理。在通常情况下，可以通过检查模型指标标准化回归系数是否超过或太接近1（这里选取标准值为SFL（*t*）小于1）、是否存在过大的标准误（SE）判断、是否存在负的误差变异数（EV）、是否存在违犯估计现象。在表3-14中，数字素养量表观察变项所有的标准化回归系数介于0.732～0.949，均小于1；没有太大的标准误；误差变异数皆为正值。在表3-15中，心理资本量表观察变项所有的标准化回归系数介于0.169～0.947，均小于1；没有太大的标准误；误差变异数介于0.076～1.828，皆为正值。在表3-16中，社会支持量表观察变项所有的标准化回归系数介于0.526～0.963，均小于1；没有太大的标准误；误差变异数介于0.264～4.577，皆为正值。在表3-17中，就业核心竞争力量表观察所有的变项，标准化回归系数介于0.852～0.962，均小于1；没有太大的标准误，误差变异数介于0.036～0.240，皆为正值。因此，上述四个量表不存在违犯估计的问题。

3.6.2.3　模型适配度检验

在数字素养构面中，其中卡方/自由度（χ^2/df）为6.843，与标准值3有差别，这是由于样本数过大造成的。适配度指标（GFI）值为0.836，不符合大于0.9的标准，但考虑到当模型所估计的参数变量多时，要达到0.9的标准就会有困难，建议可酌量放宽到0.8的标准。调整后适配度指标（AGFR）值为0.786，不符合大于0.9的标准，同样建议可将标准酌量放宽到0.8，其余适配指标均达到标准，这说明本书的数字素养测量模型达到适配标准。在心理资本构面中，χ^2/df 为12.765，与标准值3有差别，GFI为0.854，符合大于0.9的标准，增量适配指标中基准适配度指标（NNFI）、相对适配指标（RFI）、增值拟合指标（IFI）等指标均接近于0.9的标准，其余指标均达标，这说明本书的心理资本测量模型基本达到适配标准。在社会支持构面中，χ^2/df 为5.616，接近标准值3，近似误差均方（RMSEA）等于0.080，近似符合小于0.080的标准，相对适配指标（RFI）为0.891，接近于0.900的标准，其余指标均达标，这说明本书的社会支持测量模型达到适配标准。在就业核心竞争力构面中，χ^2/df 为5.702，接近标准值3，GFI为0.852，符合大于0.8的标准，调整拟合优度指标（AGFI）为0.808，符合大于0.8的标准，RMSEA为0.087，接近于0.080的标准，其余指标均达标，这说明本书的就业核心竞争力测量模型达到适配标准。

综上所述，数字素养、心理资本、社会支持和就业核心竞争力测量模型架构已符合一般学术研究要求（见表3-18）。

表3-18 模型适配度检定表

统计检定量		标准值	数字素养	心理资本	社会支持	就业核心竞争力
绝对适配指标	卡方	越小越好	1327.488（$p<0.001$）	3740.199（$p<0.001$）	134.781（$p<0.001$）	1317.148（$p<0.001$）
	卡方/自由度	小于3	6.843	12.765	5.616	5.702
绝对适配指标	GFI	大于0.9	0.836	0.854	0.953	0.852
	AGFI	大于0.9	0.786	0.926	0.911	0.808
	RMR	小于0.08	0.027	0.022	0.077	0.017
	RMSEA	小于0.08	0.076	0.027	0.080	0.087

（续表）

统计检定量		标准值	数字素养	心理资本	社会支持	就业核心竞争力
增量适配指标	NFI	大于0.9	0.938	0.804	0.928	0.948
	NNFI	大于0.9	0.937	0.896	0.909	0.948
	CFI	大于0.9	0.947	0.906	0.939	0.957
	RFI	大于0.9	0.927	0.883	0.891	0.938
	IFI	大于0.9	0.947	0.897	0.940	0.957
精简适配指标	PNFI	大于0.5	0.788	0.725	0.618	0.793
	PGFI	大于0.5	0.795	0.736	0.626	0.801

资料来源：本书整理。

3.6.2.4 收敛效度检验

收敛效度与区别效度合称为建构效度，它们是衡量模型质量的重要指标，收敛效度指的是量表与同一概念的其他指标确保相互关联的程度。收敛效度的各指标检验标准如下：因子载荷（λ）判断观察变量的收敛效度，要求 λ 值大于0.5，且（t）值大于1.97；平均变异萃取量（AVE）解释潜在变量的程度，要求AVE值大于0.500；组合信度CR反映每个潜变量中所有题项是否一致地解释该潜在变量，*CR*值要大于0.600，各潜在变量的AVE值都大于0.5。满足以上所有条件，通常认为该指标的收敛效度较高。在表3-14，数字素养量表各题项标准化回归系数介于0.732～0.949，且（t）值均大于1.96，呈显著性差异；各构面组合信度介于0.843～0.971，均大于0.600；平均变异萃取量介于0.745～0.936，均大于0.500。在表3-15所示，心理资本各题项标准化回归系数介于0.169～0.947，且（t）值大于1.96，呈显著性差异；各构面的组合信度介于0.848～0.953，均大于0.600；平均变异萃取量介于0.518～0.773，均大于0.500。在表3-16中，社会支持各题项标准化回归系数介于0.526～0.963，且（t）值大于1.96，呈显著性差异；各构面组合信度介于0.645～0.774，均大于0.600；其中主观支持、客观支持和社会支持利用程度的平均变异萃取量分别为0.500、0.510和0.502，除主观支持的平均变异萃取量为0.500之外，其余两构面的平均变异萃取量均大于0.500。在表3-17中，就业核心竞争力量表各题项标准化回归系数介于0.852～0.962，且（t）值大于1.96，呈显著性差异；组合信度介于0.803～0.982，均大于0.600；平均变异萃取量介于0.627～0.903，均大于0.500。

综上所述，数字素养量表、心理资本量表、社会支持量表、就业核心竞争力量表皆符合收敛效度的要求，因此测量模型的质量较佳。

3.6.2.5　区别效度检验

区别效度是指构面根据实证标准区别于其他构面的程度。如果每一个构面的AVE值全都大于该构面与其他构面之相关系数的平方，那么可以认定构面间具有区别效度。从区别效度检定表3-19可以发现，各构面AVE的平方根介于0.71～0.97之间，大于与其他潜在变量之间的相关系数，这说明该模型具有区别效度。

3.7　数据统计分析方法

本书通过问卷调查收集资料，在经过资料整理，确定有效数据后，采用AMOS 22.0和SPSS 24软件对数据进行处理与统计分析，分述如下。

3.7.1　正态性检验

为检验该样本是否符合正态分布，本书对全部数据进行了正态性检验，检验正式问卷所有题项的偏态系数绝对值是否均小于3，峰度系数绝对值是否均小于10。若符合上述要求，表示该样本数据符合正态分布。区别效度检定表如表3-19所示。

3.7.2　项目分析

项目分析是量表检验最基本的工作，其主要目的是对预试题项进行适切性的评估，亦即检验一个量表中个别题项的可靠程度。本书预试资

表3-19　区别效度检定表

构面	项目数	A	B	C	D	E	F	G	H	I	J	K	L	M	N	O	P	Q	R	S	T
A. 工具和技术	2	0.89																			
B. 信息域	3	0.882	0.90																		
C. 交流域	4	0.783	0.897	0.93																	
D. 内容创建域	3	0.763	0.844	0.893	0.86																
E. 安全域	5	0.733	0.826	0.875	0.884	0.97															
F. 问题解决域	5	0.751	0.831	0.869	0892	0.931	0.93														
G. 自我效能	7	0.663	0.719	0.733	0.745	0.729	0.744	0.88													
H. 韧性	7	0.138	0.178	0.165	0.179	0.175	0.174	0.194	0.72												
I. 希望	6	0.543	0.645	0.671	0.631	0.640	0.638	0.748	0.424	0.83											
J. 乐观	6	0.607	0.689	0.696	0.682	0.668	0.683	0.811	0.142	0.786	0.84										

（续表）

构面	项目数	A	B	C	D	E	F	G	H	I	J	K	L	M	N	O	P	Q	R	S	T
K. 主观支持	4	0.335	0.329	0.325	0.356	0.326	0.350	0.376	0.183	0.315	0.331	0.71									
L. 客观支持	2	0.151	0.158	0.187	0.209	0.182	0.198	0.213	0.116	0.249	0.217	0.388	0.71								
M. 社会支持利用程度	3	0.200	0.221	0.231	0.250	0.242	0.237	0.242	0.167	0.251	0.235	0.443	0.329	0.71							
N. 技术力	3	0.521	0.518	0.534	0.574	0.539	0.574	0.615	0.186	0.483	0.534	0.494	0.264	0.365	0.79						
O. 实践力	3	0.504	0.508	0.523	0.558	0.535	0.567	0.577	0.158	0.472	0.521	0.485	0.271	0.387	0.908	0.90					
P. 学习力	2	0.507	0513	0.527	0.556	0.534	0.562	0.585	0.200	0.502	0.510	0.455	0.231	0.365	0.870	0.904	0.92				
Q. 创新力	4	0.501	0.534	0.550	0.564	0.546	0.579	0.585	0.199	0510	0.540	0.452	0.267	0.346	0.855	0.879	0.911	0.94			
R. 适应力	2	0.478	0.512	0.530	0.545	0.545	0.549	0.563	0.249	0.525	0.531	0.500	0.273	0.358	0.765	0.798	0.809	0.843	0.88		
S. 心理品质	6	0.433	0.507	0.530	0.495	0.509	0.484	0.506	0.254	0.535	0.508	0.363	0.211	0.294	0.650	0.663	0.692	0.744	0.845	0.95	
T. 职业观	4	0.479	0.516	0.525	0.510	0.525	0.522	0.547	0.257	0.561	0.512	0.413	0.243	0.321	0.734	0.739	0.751	0.773	0.829	0.887	0.94

注1：取变量的平均数为量表中各构面的所有题项的加总平均值。

注2：对角线的值为此潜在变量的平均变异萃取量（AVE）的平方根，该值应大于非对角线的值。

料采用吴明隆的项目分析规则，分别对项目进行了三类检测，共包括六个判断标准。本书采取只要有两个以上（含两个）指标未达标，就删除该题项的措施。

3.7.3 因素分析

因素分析依其目的大致可以分为探索性因素分析和验证性因素分析两类。探索性因素分析主要是为了找出影响观测变量的因素个数，以及各个因素和各个观测变量之间的相关程度，以揭示变量的内在结构。在进行探索性因素分析之前，须先利用检验统计量（Kaiser-Meyer-Olkin，“KMO”）及巴特利特球形检验来判断资料是否适合进行因素分析。根据凯泽（Kaiser）的观点，若KMO＞0.8，则表示适合进行因素分析，而且KMO值越大，越适合进行因素分析。巴特利特球形检验的 p 值必须＜0.05，表示该资料的抽样适当且适合进行因素分析。本书中的预试问卷用探索性因素分析法来检验研究工具的效度。选择主成分分析法进行因素萃取，因素的特征值必须＞1。经最大变异数转轴法旋转后，取因素负荷量绝对值＞0.5。每个题项因素符合量必须落入预期构面，并且每一指标均不得横跨到其他潜在因素上。

另外，在正式问卷施测后，本书采用验证性因素分析法检验问卷的结构效度。根据巴戈齐（Bagozzi）的建议，χ^2越小越好，卡方值检验 p＞0.05代表理论模型与样本模型适配，但样本太大常常容易导致差异显著，故应考虑使用其他指标检验收敛效度；χ^2/df＜3，GFI＞0.8，NFI＞0.8，RMR＜0.08，SRMR＜0.08，RMSEA＜0.08为可接受的标准。各观察变量的标准化因素负荷量＞0.5，平均萃取变异量＞0.5，组合信度＞0.7，表示该量表有良好的收敛效度。另外，按照黑尔（Hair）等人所述，AVE理想值需＞0.5。经检验，此量表的收敛效度良好。

3.7.4 信度分析

信度是用以评估量表内部一致性的重要指标。本书利用克隆巴赫系数（Cronbach’s α）值检测数字素养量表、心理资本量表、社会支持量表、就业核心竞争力量表及各分量表的信度系数是否具有内部一致性。其判断标准为：Cronbach's α系数≤0.30为不可信；0.30≤Cronbach's α≤0.40为勉强可信；0.40≤Cronbach's α≤0.50为稍微可信；0.50≤Cronbach's α≤0.70为可信；0.70≤Cronbach's α≤0.90 很可信；0.90≤Cronbach's α为非常可信。

3.7.5 共同方法偏差事后检验

为进行共同方法偏差（Common Method Variance，CMV）检验，本书采用Harman单因素检验，对量表中的88个题项一起做因子分析，检验未旋转情况下的因子数量情况，并检验特征值＞1的第一个因子解释的变异量低于40%临界标准的情况。

3.7.6 描述性统计分析

本书将依据研究样本——本科大学生的背景变项（性别、年级、专业等）与各变项（数字素养、心理资本、社会支持、就业核心竞争力）的题项填答结果，经编码、遗漏值检测与处理，逐一进行次数分配、百分比统计、平均数、标准差最大值与最小值等相关数据计算，以了解河北省本科生的背景资料及各变项构面分布情形。

3.7.7 差异分析

本书将采用独立样本 t 检定与单因素方差分析（Analysis of Variance，ANOVA）对背景变项（性别、年级、专业等）在数字素养及其构面、心理资本及其构面、社会支持及其构面、就业核心竞争力及其构面中是否存在显著差异性进行分析。在进行独立样本 t 检验时，检验方法会因为母体变异数是否相等（变异数是否同质）而不同。因此，在检验差异性时，需先要看母体变异数是否相等，再决定后面的独立样本 t 检验结果；在发现 p 值<0.05时，再比较平均数的大小。在进行ANOVA检验时，当发现有显著差异时，要先进行变异数同质Levene检定，再依据母体变异数是否同质选择不同检验方法进行事后检验（Post-hoctest）。若在研究中经变异数

同质检验发现 p 值显著，代表各样本的变异数有显著差异，属于变异数不同质，需要选择 Dunnett's T3进行事后比较检验。若在研究中经变异数同质检定发现 p 值不显著，代表各样本的变异数没有显著差异，属于变异数同质，需要选择Scheffe检验或LSD检验进行事后比较检验。

3.7.8 皮尔逊（Pearson）相关性分析

相关性分析是指对有相关关系的变量进行分析，衡量变量间的相关程度。本书以Pearson相关系数分析四个变量之间是否存在相关性及其相关程度。邱皓政指出，相关系数 r 值为0，表示变量间无相关性；r 值<0.1，表示微弱相关；$0.1 \leqslant r$ 值<0.4，表示低度相关；$0.4 \leqslant r$ 值<0.7表示中度相关；$0.7 \leqslant r$ 值<1.0表示高度相关；r 值=1.0表示完全相关。

3.7.9 结构方程模型

结构方程模型（Structral Equation Model，“SEM”）包括因素分析与路径分析两种统计分析方法，用以检验模型中包含的显性变量、潜在变量、干扰或误差变量之间的关系，进而获得自变量影响依变量的直接效果、间接效果或总效果。本书运用结构方程模型对本科生数字素养水平、心理资本、社会支持和就业核心竞争力之间的相互作用进行了验证。

3.7.10 Bootstrap法中介效应检验

Bootstrap法是由埃夫隆（Efron）提出的一种重复抽样方法。Bootstrap法将原始样本当成Bootstrap抽样的总体，通过有放回的重复抽样，抽取大量Bootstrap样本并获得统计量，其实质是模拟了从总体中随机抽取大量样本的过程。常用的Bootstrap法包括百分位Bootstrap法和偏差校正百分位Bootstrap法。在利用Bootstrap法进行中介效应检验时，普遍采用偏差校正非参数百分位Bootstrap法。本书使用Bootstrap法来进行心理资本中介效果的检验。

3.8 研究程序

本研究遵从一般研究的调查过程，从最初确定研究方向与主题到最后提出建议与对策，大致可以分为准备阶段、发展阶段、实施研究阶段及完成阶段四大阶段。

第一阶段（准备阶段，主要任务是提出问题）：根据当前的社会背景及当前大学生的学习情况研读国内外相关文献，确定研究方向与主题。具体步骤为：从图书馆和网络数据库中收集大量有关就业核心竞争力的文献资料，根据影响就业核心竞争力的外在原因与内在原因总结提升就业核心竞争力的对策与策略，以确定数字素养、心理资本及社会支持三个变量。

第二阶段（发展阶段，主要任务是分析问题）：查找并记录有关书籍、文献，对之进行分类整理，并在该基础上形成对四个变量的概念、结构及四个变量之间关系的基本认知，初步形成文献综述初稿，并确定研究架构。

第三阶段（实施研究阶段，主要任务是解决问题）：在该阶段，首先确定关于四个变量的问卷，并对确定好的问卷进行适当的修订，最终形成符合研究对象的问卷。之后，对所选取的河北省六所本科院校进行预试问卷调查。经过两周时间，继续对这六所本科院校内未参与预试问卷调查的学生进行正式问卷调查。在收集有效问卷后，运用SPSS 24及AMOS 22.0统计软件对数据进行分析，探讨河北省本科生的数字素养、心理资本、社会支持、就业核心竞争力在背景变项上的差异，四个变量之间的关系以及中介与调节效果检验。

第四阶段（完成阶段，主要任务为分析应用）：本阶段为结果的讨论及建议阶段，具体内容为对统计分析结果进行分析论证，探讨其在现实中的理论及实践意义，并提出建设性意见。主要的研究流程如图3-2所示。

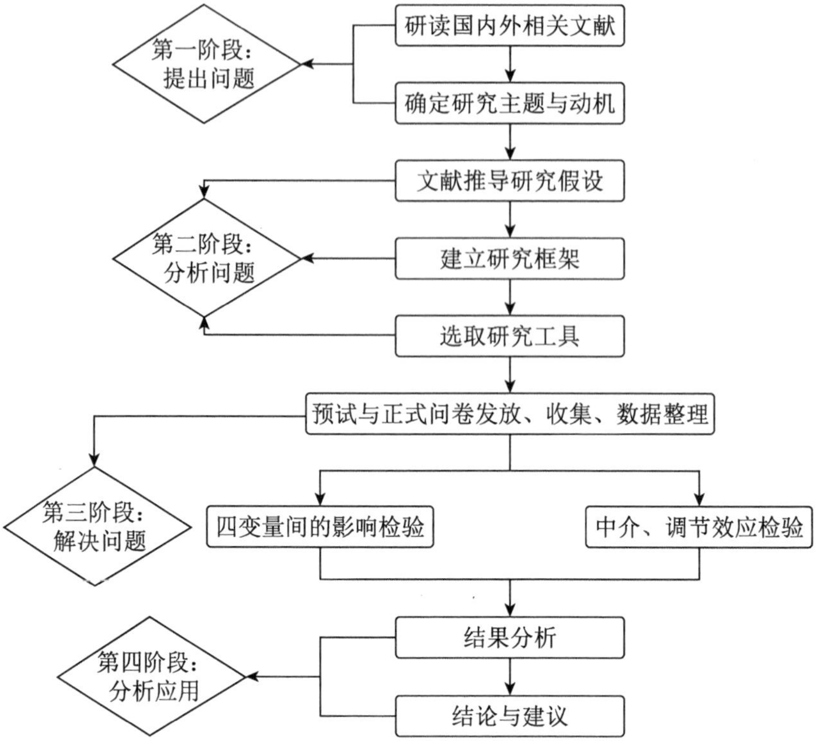

图3-2　研究流程图

综合本章内容，本书依据第1章的研究目的、研究动机及研究问题与第2章对于本科生的数字素养、心理资本、社会支持与就业核心竞争力之间关系的相关文献资料综合整理，构建出本书的研究结构。本书还针对数字素养量表、心理资本量表、社会支持量表、就业核心竞争力量表四个预试量表，采用SPSS 24软件进行项目分析及信度分析，采用探索性因素分析进行效度检验，验证了问卷的信效度，以建构正式问卷。经检验，社会支持量表保留9个题项，其余量表皆保留所有题项。修订后的预试问卷具有良好的信效度，可由此编制正式问卷。针对收集的正式问卷资料，可以AMOS 22.0软件采用验证性因素分析进行模型评鉴。整体而言，概念性模型的内在效度、外在信度皆较佳，适合进行下一步骤的结构模型分析（见图3-2）。

第 4 章　资料分析与结果

本章共分为五个部分，分别为共同方法偏差检验、描述分析、差异分析、相关分析和直接作用效果及中介效果检验。其中，描述分析主要采用频率来展示各变项情况，差异分析是为了检验不同变量在数字素养、心理资本、社会支持、就业核心竞争力中的差异情况。相关分析是为了了解数字素养、心理资本、社会支持、就业核心竞争力的相关情况。直接作用效果及中介效果检验是为了了解数字素养、心理资本、社会支持、就业核心竞争力的影响情况，以及检验心理资本在数字素养与就业核心竞争力之间的中介效果、社会支持在数字素养与就业核心竞争力之间的调节效果。

4.1　共同方法偏差检验

本书采用自我报告法进行数据收集，可能存在共同方法偏差，因此本书借鉴以往研究的做法，采用事先程序控制和事后统计检验两种措施来避免共同方法偏差问题。首先，在施测问卷调查的过程中，采取严格的程序控制措施，强调此次问卷的结果仅用于学术研究以及资料绝对保密，并要求匿名填写。其次，在事后统计检验方面，本书在数据分析过程中，采用Harman单因素检验法，将所有变量的测量项目放到一个探索项目中进行分析。经检验，在因子旋转前共提取11个主成分，第一个因子解释变异量为39.694%，小于40%的临界标准，即不存在严重的共同方法偏差问题。

4.2 描述分析

本书以频率和百分比的方式表示受试者的人口变量情况，以平均数、标准差了解数字素养、心理资本、社会支持、就业核心竞争力的整体现状。

4.2.1 本科生背景变项的描述分析

本书的1 281份正式样本，考察了河北省本科生的性别、年级、专业、家庭居住地、父母受教育水平五个背景变项。结果显示，在性别方面，男生共692人，占总样本数的54%，女生共589人，占总样本数的46%。在年级方面，大一共346人，占总样本数的27%，大二共312人，占总样本数的24.4%，大三共365人，占总样本数的28.5%，大四共258人，占总样本数的20.1%。在专业方面，文科类学生共273人，占总样本数的21.3%，理工类学生共369人，占总样本数的28.8%，艺术类学生共265人，占总样本数的20.7%，体育类学生共326人，占总样本数的25.4%，其他类学生共48人，占总样本数的3.7%。在家庭居住地方面，来自乡镇的共655人，占总样本数的51.1%，来自县/县级市的共372人，占总样本数的29%，来自地级市的共157人，占总样本数的12.3%，来自省会/直辖市的共97人，占总样本数的7.6%。在父母受教育水平方面，小学及以下共243人，占总样本数的19%，中学共685人，占总样本数的53.5%，专科共198人，占总样本数的15.5%，本科及以上共155人，占总样本数的12.1%。以上数据表明在本次抽样中，性别、年级、专业的比例较均等，来自乡镇的学生占大多数，父母受教育水平为中学的学生人数多。背景变项统计见表4-1。

表4-1　正式样本背景变项统计表（N=1281）

人口变量	分类	频率	百分比
性别	男	692	54%
	女	589	46%
年级	大一	346	27%
	大二	312	24.4%
	大三	365	28.5%
	大四	258	20.1%
专业	文科类	273	21.3%
	理工类	369	28.8%
	艺术类	265	20.7%
	体育类	326	25.4%
	其他类	48	3.7%
家庭居住地	乡镇	655	51.1%
	县 / 县级市	372	29%
	地级市	157	12.3%
	省会 / 直辖市	97	7.6%
父母受教育水平	小学及以下	243	19%
	中学	685	53.5%
	专科	198	15.5%
	本科及以上	155	12.1%

资料来源：本书整理。

4.2.2　数字素养变项的描述分析

数字素养共分为六个维度，分别为工具和技术域2题、信息域3题、交流域4题、内容创建域3题、安全域5题、问题解决域5题，共22个题项。受试本科生数字素养研究结果（M=3.942，SD=0.821）表明受试本科生的数字素养程度处于中等偏上水平，其各维度研究结果依序为交流域（M=4.030，SD=0.847）、安全域（M=3.980，SD=0.872）、信息域（M=3.970，SD=0.862）、问题解决域（M=3.940，SD=0.877）、内容创建域（M=3.910，SD=0.867）、工具和技术域（M=3.820，SD=0.959）。由此可知，交流域、安全域和信息域高于数字素养的整体水平，其中交流域相较于其他构面水平更高；问题解决域、内容创建域以及工具和技术域的水平低于数字素养的整体水平，其中工具和技术域相较于其他构面水平更低。数字素养变项的描述性统计见表4-2。

表4-2　数字素养变项的描述性统计表（*N*=1 281）

构面与整体	题数	M	SD
工具和技术域	2	3.820	0.959
信息域	3	3.970	0.862
交流域	4	4.030	0.847
内容创建域	3	3.910	0.867
安全域	5	3.980	0.872
问题解决域	5	3.940	0.877
整体数字素养	22	3.942	0.821

资料来源：本书整理。

4.2.3　心理资本变项的描述分析

心理资本共分为四个维度，分别为自我效能7题、韧性7题、希望6题、乐观6题，共26个题项。受试本科生心理资本研究结果（M=3.750，SD=0.591）表明受试本科生的心理资本程度处于中等偏上水平，其各维度研究结果依序为乐观（M=3.980，SD=0.783）、自我效能（M=3.870，SD=0.792）、希望（M=3.860，SD=0.683）、韧性（M=3.300，SD=0.682）。由此可知，乐观相较于其他构面水平更高，韧性相较于其他构面水平更低。心理资本变项的描述性统计见表4-3。

表4-3　心理资本变项的描述性统计表（N=1281）

构面与整体	题数	M	SD
自我效能	7	3.870	0.792
韧性	7	3.300	0.682
希望	6	3.860	0.683
乐观	6	3.980	0.783
整体心理资本	26	3.750	0.591

资料来源：本书整理。

4.2.4　社会支持变项的描述分析

社会支持共分为三个维度，分别为主观支持4题、客观支持2题、社会支持利用程度3题，共9个题项。受试本科生社会支持结果（M=4.220，SD=0.927）表明受试本科生的社会支持程度处于中等偏上水平，其各维度研究结果依序为主观支持（M=5.860，SD=0.967）、客观支持（M=3.810，SD=1.809）、社会支持利用程度（M=2.990，SD=0.770）。由此可知，主观支持相较于其他构面水平更高，社会支持利用程度相较于其他构面水平更低。社会支持变项的描述性统计见表4-4。

表4-4　社会支持变项的描述性统计表（N=1281）

构面与整体	题数	M	SD
主观支持	4	5.860	0.967
客观支持	2	3.810	1.809
社会支持利用程度	3	2.990	0.770
整体社会支持	9	4.220	0.927

资料来源：本书整理。

4.2.5　就业核心竞争力变项的描述分析

就业核心竞争力共分为七个维度，分别为技术力3题、实践力3题、学习力2题、创新力4题、适应力2题、心理品质6题、职业观4题，共24个题项。受试本科生就业核心竞争力研究结果（M＝4.103，SD＝0.692）表明，受试本科生的就业核心竞争力程度处于中等偏上水平，其各维度研究结果依序为心理品质（M＝4.330，SD＝0.683）、职业观（M＝4.270，SD＝0.713）、适应力（M＝4.180，SD＝0.730）、创新力（M＝4.050，SD＝0.767）、学习力（M＝4.100，SD＝0.790）、实践力（M＝3.960，SD＝0.821）、技术力（M＝3.940，SD＝0.807）。由此可知，心理品质相较于其他构面水平更高，技术力相较于其他构面水平更低。就业核心竞争力变项的描述性统计见表4-5。

表4-5　就业核心竞争力变项的描述性统计表（N＝1 281）

构面与整体	题数	M	SD
技术力	3	3.940	0.807
实践力	3	3.960	0.821
学习力	2	4.100	0.790
创新力	4	4.050	0.767
适应力	2	4.180	0.730
心理品质	6	4.330	0.683
职业观	4	4.270	0.713
整体就业核心竞争力	24	4.103	0.692

资料来源：本书整理。

4.3　差异分析

差异分析是将一组资料的总变动量，依据可能造成变动的因素分解成不同的部分，并以假设检定的方法判断这些因素是否确实能解释资料的变动。本书以独立样本 t 检验不同性别在数字素养、心理资本、社会支持、就业核心竞争力方面的差异，并以效果量 d 值表示自变项对因变项的解释强度（根据科恩的评估标准，$0.5>d\geqslant0.2$为小效果量，$0.8>d\geqslant0.5$为中等效果量，$d\geqslant0.8$为大效果量）。以单因素方差分析不同年级、不同专业、不同家庭居住地、不同父母受教育水平在数字素养、心理资本、社会支持、就业核心竞争力方面的差异，如达显著水平，则根据变异数同构型的显著情况，选用不同检验方法，并进一步进行事后检验。本书采用的效果量 η^2 值表示自变项对因变项的解释强度。根据科恩的评估标准，$0.059>\eta^2\geqslant0.010$ 为小效果量，$0.138>\eta^2\geqslant0.059$ 为中等效果量，$\eta^2\geqslant0.138$ 为大效果量。

4.3.1　不同性别本科生在各变项中的差异比较

本书以独立样本 t 检验，分析不同性别的本科生在数字素养、心理资本、社会支持等方面的差异情况。

在数字素养方面，不同性别本科生的整体数字素养水平有显著差异。其中，$t=3.202$，$p=0.002<0.01$，达到显著水平；效果量$d=0.250$，达小效果量程度；男生的数字素养水平（平均数=4.03）显著高于女生（平均数=3.83）的数字素养水平。另外，不同性别本科生的整体数字素养水平在数字素养内的工具和技术域、信息域、交流域、内容创建域、安全域、问题解决域六个构面上均存在显著差异。其中，t 值分别为3.810、2.547、2.350、2.968、2.788和3.220，均达到0.01或0.05显著性水平；效果量 d 分别为0.309、0.201、0.181、0.236、0.222和0.256，均达到小效果量程度；在六个构面上，都显示男生的数字素养水平要显著高于女生。

在心理资本方面，不同性别本科生的整体心理资本水平有显著差异。其中，$t=2.103$，$p=0.036<0.05$，达到0.05的显著水平；效果量$d=0.172$，达到小效果量程度；男生的心理资本水平（平均数=3.80）显著高于女生（平均数=3.70）的心理资本水平。另外，不同性别本科生的整体心理资本水平在心理资本内的自我效能构面上存在显著差异。其中，t 值为3.562，$p=0.000<0.001$，达到0.001的显著水平；效果量$d=0.285$，

达到小效果量程度；男生的自我效能水平要显著高于女生。性别在心理资本内的韧性、希望和乐观构面上不存在显著差异。

在社会支持方面，不同性别本科生的整体社会支持水平存在显著差异。其中，$t=2.130$，$p=0.034<0.05$，达到显著水平；$d=0.175$，达到小效果量程度。在客观支持构面上，未发现不同性别有显著差异。其中，$t=1.787$，$p=0.074$，未达到显著水准；效果量 $d=0.145$，表明几乎未有差异效果。在社会支持的主观支持与社会支持利用程度两个构面上，t 值分别为4.439、-2.107，均达到显著水平；效果量 d 分别为0.359、0.171，达到小效果量程度。由此可见，在主观支持构面上，男生的水平要显著高于女生，但在社会支持利用程度构面上，女生的水平要显著高于男生。

在就业核心竞争力方面，不同性别本科生的整体就业核心竞争力水平存在显著差异。其中，$t=5.296$，$p=0.000<0.001$，达到显著水平；效果量 $d=0.420$，达到小效果量程度。在就业核心竞争力的技术力、实践力、学习力、创新力、适应力、心理品质和职业观七个构面上，t 值分别为6.343、5.122、5.004、5.512、4.625、2.707和3.846，均达到显著水平。效果量 d 分别为0.502、0.400、0.389、0.430、0.364、0.222和0.200，在技术力构面上表现为中等效果量程度，在其他构面上表现为小效果量程度，在七个构面上，都显示男生的水平要显著高于女生。

综上所述，在数字素养、心理资本、社会支持、就业核心竞争力四个变项中，不同性别本科生在韧性、希望、乐观和客观支持构面上不存在显著差异，在其余构面上皆会因为性别而表现出显著的差异。

表4-6　不同性别本科生在各变项中的 t 检测分析结果

构面与整体	平均数（标准差）		t	p	d	差异比较
	男生（n=692）	女生（n=589）				
整体数字素养	4.03（0.922）	3.83（0.658）	3.202	0.002	0.250	—
工具和技术域	3.95（1.045）	3.66（0.816）	3.810	0.000	0.309	男＞女
信息域	4.04（0.968）	3.87（0.698）	2.547	0.011	0.201	男＞女

（续表）

构面与整体	平均数（标准差）		t	p	d	差异比较
	男生（n=692）	女生（n=589）				
交流域	4.10（0.958）	3.95（0.677）	2.350	0.019	0.181	男＞女
内容创建域	4.00（0.968）	3.80（0.709）	2.968	0.003	0.236	男＞女
安全域	4.06（0.961）	3.87（0.734）	2.788	0.005	0.222	男＞女
问题解决域	4.04（0.956）	3.82（0.753）	3.220	0.001	0.256	男＞女
整体心理资本	3.80（0.656）	3.70（0.493）	2.103	0.036	0.172	男＞女
自我效能	3.97（0.885）	3.75（0.638）	3.562	0.000	0.285	男＞女
韧性	3.35（0.724）	3.25（0.624）	1.770	0.077	0.148	—
希望	3.86（0.753）	3.86（0.585）	0.022	0.983	0	—
乐观	4.01（0.894）	3.94（0.617）	1.202	0.230	0.091	—
整体社会支持	4.29（1.018）	4.13（0.792）	2.130	0.034	0.175	男＞女
主观支持	6.01（1.006）	5.67（0.882）	4.439	0.000	0.359	男＞女
客观支持	3.93（1.948）	3.67（1.612）	1.787	0.074	0.145	—
社会支持利用程度	2.93（0.834）	3.06（0.676）	−2.107	0.036	0.171	男＞女
整体就业核心竞争力	4.229（0.733）	3.947（0.604）	5.296	0.000	0.420	男＞女
技术力	4.11（0.830）	3.72（0.721）	6.343	0.000	0.502	男＞女
实践力	4.10（0.856）	3.78（0.738）	5.122	0.000	0.400	男＞女
学习力	4.14（0.817）	3.84（0.721）	5.004	0.000	0.389	男＞女
创新力	4.19（0.791）	3.87（0.695）	5.512	0.000	0.430	男＞女
适应力	4.29（0.753）	4.03（0.673）	4.625	0.000	0.364	男＞女
心理品质	4.40（0.723）	4.25（0.622）	2.707	0.007	0.222	男＞女
职业观	4.36（0.743）	4.50（0.655）	3.846	0.000	0.200	男＜女

资料来源：本书整理。

4.3.2　不同年级本科生在各变项中的差异比较

本书以 ANOVA 检验来分析不同年级的本科生在数字素养、心理资本、社会支持和就业核心竞争力方面的差异情况。不同年级本科生在各变项中的 ANOVA 分析结果见表4-7。

表4-7　不同年级本科生在各变项中的ANOVA分析结果

构面与整体	平均数（标准差）				*F*值	事后检验
	一年级	二年级	三年级	四年级		
整体数字素养	3.899（0.718）	3.975（0.906）	4.044（0.899）	3.817（0.872）	1.736	—
工具和技术域	3.733（0.868）	3.875（1.009）	3.973（1.051）	3.735（0.977）	2.518	1<3
信息域	3.922（0.758）	3.984（0.969）	4.097（0.922）	3.810（0.916）	2.345	1<3，3>4
交流域	4.024（0.750）	4.019（0.922）	4.116（0.938）	3.893（0.876）	1.197	—
内容创建域	3.860（0.764）	3.958（0.922）	4.022（0.980）	3.795（0.880）	1.762	—
安全域	3.955（0.786）	3.992（0.936）	4.053（0.925）	3.862（0.971）	0.901	—
问题解决域	3.903（0.769）	4.021（0.923）	4.007（0.975）	3.805（0.967）	1.342	—
整体心理资本	3.721（0.551）	3.735（0.617）	3.847（0.643）	3.687（0.562）	2.047	1<3
自我效能	3.790（0.707）	3.835（0.868）	4.050（0.854）	3.847（0.793）	4.019**	1<3，2<3
韧性	3.314（0.675）	3.326（0.675）	3.330（0.737）	3.165（0.576）	1.113	—
希望	3.846（0.672）	3.834（0.702）	3.917（0.706）	3.812（0.644）	0.584	—
乐观	3.934（0.725）	3.944（0.806）	4.093（0.860）	3.924（0.774）	1.692	1<3
整体社会支持	4.058（0.858）	4.442（0.916）	4.455（0.969）	3.982（0.933）	10.469***	1<2，1<3，2>4，3>4
主观支持	5.672（0.943）	6.075（0.853）	6.123（0.890）	5.646（1.174）	11.156***	1<2，1<3，3>4
客观支持	3.606（1.670）	4.260（1.778）	4.119（2.005）	3.271（1.665）	7.269***	1<2，1<3，2>4，3>4

（续表）

构面与整体	平均数（标准差）				F值	事后检验
	一年级	二年级	三年级	四年级		
社会支持利用程度	2.897（0.750）	2.990（0.748）	3.121（0.778）	3.029（0.826）	3.115*	1<3
整体就业核心竞争力	4.003（0.650）	4.169（0.630）	4.269（0.743）	4.023（0.747）	5.984**	1<2，1<3，3>4
技术力	3.798（0.755）	3.983（0.804）	4.173（0.835）	3.871（0.831）	8.158**	1<2，1<3，3>4
实践力	3.844（0.793）	4.003（0.767）	4.141（0.885）	3.919（0.787）	4.855**	1<3
学习力	3.871（0.759）	4.135（0.683）	4.179（0.850）	3.971（0.820）	6.596***	1<2，1<3
创新力	3.931（0.737）	4.118（0.696）	4.234（0.808）	3.989（0.802）	6.069***	1<2，1<3，3>4
适应力	4.0812（0.707）	4.250（0.693）	4.333（0.746）	4.079（0.774）	5.063**	1<2，1<3，3>4
心理品质	4.299（0.659）	4.353（0.617）	4.439（0.717）	4.174（0.756）	2.913*	1<3，3>4
职业观	4.194（0.713）	4.339（0.608）	4.385（0.731）	4.161（0.772）	3.455*	1<3，3>4

注1：变异数同质，事后检验用LSD检验；变异数不同质，事后检验用Dunnett's T3 检定。

注2：*表示 $p<0.05$，数据有统计学差异；**表示 $p<0.01$，数据有显著统计学差异；***表示 $p<0.001$，数据有极其显著的统计学差异。

注3：年级分类：“1”＝一年级；“2”＝二年级；“3”＝三年级；“4”＝四年级。

资料来源：本书整理。

在数字素养方面，不同年级本科生在整体数字素养及交流域、内容创建域、安全域、问题解决域这几个构面上没有显著差异，在工具和技术域、信息域构面上存在显著差异，其 F 值分别为2.518、2.345。经事后检验发现，大一学生的工具和技术水平、信息水平均低于大三学生的工具和技术水平、信息水平，大三学生的信息水平均高于大四学生的信息水平。

在心理资本方面，不同年级本科生在整体心理资本及自我效能、乐观这两个构面上存在显著差异，其 F 值分别为2.047、4.019、1.692。经事后检验发现，大一学生的整体心理资本、自我效能和乐观水平均低于大三学生的整体心理资本、自我效能和乐观水平；大二学生的自我效能水平低于大三学生的自我效能水平。不同年级本科生在韧性和希望这两个构面上不存在显著差异。

在社会支持方面，不同年级本科生在整体社会支持、主观支持、客观支持和社会支持利用程度上均有显著差异，其 F 值分别为10.469、11.156、7.269和3.115，均达到显著水平。经事后检验发现，大一学生的整体社会支持、主观支持、客观支持和社会支持利用程度均低于大三学生的整体社会支持、主观支持、客观支持和社会支持利用程度；大一学生的整体社会支持、主观支持和客观支持均低于大二学生的整体社会支持、主观支持和客观支持；大二学生的整体社会支持和客观支持均高于大四学生的整体社会支持和客观支持；大三学生的整体社会支持、主观支持和客观支持均高于大四学生的整体社会支持、主观支持和客观支持。

在就业核心竞争力方面，不同年级本科生在整体就业核心竞争力及技术力、实践力、学习力、创新力、适应力、心理品质和职业观这几个构面均存在显著差异，其 F 值分别为5.984、8.158、4.855、6.596、6.069、5.063、2.913和3.455，均达到显著水平。在进行事后检验时，本书先进行变异数是否同质的Levene检定。经检定发现，p 值均大于0.05，未达到显著水平，表示各样本属于变异数同质。于是，本书采用 LSD 检验进行事后检验，经事后检验发现，大一学生的整体就业核心竞争力及技术力、实践力、学习力、创新力、适应力、心理品质和职业观水平，均低于大三学生的整体就业核心竞争力及技术力、实践力、学习力、创新力、适应力、心理品质和职业观水平。大四学生的整体就业核心竞争力及技术力、创新力、适应力、心理品质和职业观水平，均低于大三学生的整体就业核心竞争力及技术力、创新力、适应力、心理品质和职业观水平。大一学生的整体就业核心竞争力及技术力、学习力、创新力和适应力水平，均低于大二学生的整体就业核心竞争力及技术力、学习力、创新力和适应力水平。

综上所述，在数字素养、心理资本、社会支持、就业核心竞争力四个变项中，不同年级本科生在整体数字素养、交流域、内容创建域、问题解决域、韧性、主观支持水平上不存在显著差异，在其余构面上皆会因为年级的不同而存在显著的差异。

4.3.3　不同专业本科生在各变项中的差异比较

不同专业本科生在各变项中的 ANOVA 分析如表4-8。

在数字素养方面，不同专业本科生在整体数字素养及工具和技术域、信息域、交流域、内容创建域、安全域和问题解决域这几个构面上存在显著差异，其 F 值分别为4.767、5.616、3.827、3.710、4.461、3.318、4.198。经事后检验发现，理工类本科生的整体数字素养、技术水平、信息水平、交流水平、内容创建水平、安全水平和问题解决水平，均低于体育类本科生的整体数字素养、技术水平、信息水平、交流水平、内容创建水平、安全水平和问题解决水平；理工类本科生的整体数字素养、技术水平、交流水平、内容创建水平和问题解决水平，均低于艺术类本科生的整体数字素养及工具和技术水平、交流水平、内容创建水平和问题解决水平。

在心理资本方面，不同专业本科生在整体心理资本及自我效能、韧性、希望和乐观这几个构面上均存在显著差异，其 F 值分别为8.000、8.792、4.166、3.377和5.353。经事后检验发现，理工类本科生的整体心理资本及自我效能、韧性、希望和乐观水平，均低于体育类本科生的整体心理资本及自我效能、韧性、希望和乐观水平。

在社会支持方面，不同专业本科生在整体社会支持、主观支持、客观支持这几个构面存在显著差异，其 F 值分别为9.556、19.359和4.733，且均达到显著水平。经事后检验发现，体育类本科生的主观支持高于文科类、理工类、艺术类和其他类本科生的主观支持，体育类本科生的整体社会支持高于理工类和艺术类本科生的整体社会支持，体育类本科生的客观支持高于理工类本科生的客观支持，不同专业本科生在社会支持利用程度上不存在显著差异。

在就业核心竞争力方面，不同专业本科生在整体就业核心竞争力及技术力、实践力、学习力、创新力、适应力、心理品质和职业观这几个构面上存在显著差异，其 *F* 值分别为14.475、15.555、12.521、10.906、14.503、12.564、7.989和10.543，均达到显著水平。经事后检验发现，体育类本科生的整体就业核心竞争力及技术力、实践力、学习力、创新力、适应力、心理品质和职业观水平，均高于理工类本科生的整体就业核心竞争力及技术力、实践力、学习力、创新力、适应力、心理品质和职业观水平。艺术类本科生的技术力和学习力水平高于理工类本科生的技术力和学习力水平，体育类本科生的技术力和实践力水平高于艺术类本科生的技术力和实践力水平，体育类本科生的心理品质水平高于文科类本科生的心理品质水平。

综上所述，在数字素养、心理资本、社会支持、就业核心竞争力四个变项中，不同专业本科生在社会支持利用程度不存在显著差异，在其余构面皆存在显著的差异（见表4-8）。

表4-8　不同专业本科生在各变项中的 ANOVA 分析结果

构面与整体	平均数（标准差）					*F*值	事后检验
	文科类	理工类	艺术类	体育类	其他类		
整体数字素养	3.900（1.035）	3.780（0.632）	4.110（0.666）	4.040（0.901）	3.510（1.330）	4.767**	2＜3，2＜4
工具和技术域	3.700（1.131）	3.620（0.748）	4.030（0.878）	3.940（1.046）	3.25（1.357）	5.616***	2＜3，2＜4
信息域	3.960（1.083）	3.821（0.668）	4.110（0.716）	4.060（0.949）	3.500（1.360）	3.827**	2＜4
交流域	3.950（1.045）	3.900（0.656）	4.231（0.660）	4.112（0.938）	3.584（1.383）	3.710**	2＜3，2＜4
内容创建域	3.982（1.050）	3.754（0.677）	4.060（0.698）	4.009（0.955）	3.440（1.351）	4.461**	2＜3，2＜4

（续表）

构面与整体	平均数（标准差）					F值	事后检验
	文科类	理工类	艺术类	体育类	其他类		
安全域	3.880（1.050）	3.830（0.746）	4.130（0.755）	4.070（0.924）	3.670（1.387）	3.318*	2＜4
问题解决域	3.930（1.057）	3.770（0.725）	4.120（0.707）	4.040（0.948）	3.630（1.356）	4.198**	2＜3，2＜4
整体心理资本	3.55（0.629）	3.61（0.471）	3.790（0.551）	3.870（0.630）	3.410（0.886）	8.000***	2＜4
自我效能	3.690（1.036）	3.680（0.634）	3.940（0.683）	4.020（0.840）	3.210（1.155）	8.792***	2＜4
韧性	3.060（0.467）	3.180（0.592）	3.260（0.675）	3.410（0.736）	3.290（0.594）	4.166**	2＜4
希望	3.680（0.697）	3.750（0.582）	3.921（0.617）	3.940（0.731）	3.572（0.994）	3.377*	2＜4
乐观	3.790（0.952）	3.820（0.614）	4.040（0.722）	4.100（0.842）	3.570（1.288）	5.353***	2＜4
整体社会支持	4.290（1.294）	3.970（0.766）	4.000（0.974）	4.430（0.955）	4.140（0.835）	9.556***	2＜4，3＜4
主观支持	5.53（1.349）	5.470（0.882）	5.790（1.068）	6.150（0.887）	5.500（0.812）	19.359***	1＜4，2＜4，3＜4，5＜4
客观支持	4.370（2.295）	3.470（1.484）	3.450（1.917）	4.080（1.929）	3.960（1.544）	4.733**	2＜4
社会支持利用程度	2.980（0.750）	2.950（0.700）	2.770（0.724）	3.050（0.813）	2.970（0.915）	1.850	—
整体就业核心竞争力	3.890（0.748）	3.860（0.576）	4.070（0.667）	4.290（0.715）	3.980（0.624）	14.475***	2＜4
技术力	3.820（0.755）	3.640（0.688）	3.910（0.701）	4.160（0.816）	3.610（1.043）	15.555***	2＜3，2＜4，3＜4，5＜4
实践力	3.940（0.765）	3.680（0.715）	3.890（0.827）	4.160（0.839）	3.890（0.715）	12.521***	2＜4，3＜4
学习力	3.870（0.719）	3.760（0.700）	4.000（0.738）	4.190（0.816）	3.830（0.718）	10.906***	2＜3，2＜4

（续表）

构面与整体	平均数（标准差）					F值	事后检验
	文科类	理工类	艺术类	体育类	其他类		
创新力	3.850 （0.812）	3.780 （0.654）	3.980 （0.762）	4.260 （0.776）	3.920 （0.800）	14.503***	2＜4
适应力	3.900 （0.806）	3.940 （0.647）	4.120 （0.734）	4.360 （0.731）	4.040 （0.689）	12.564***	2＜4
心理品质	4.000 （0.756）	4.150 （0.619）	4.340 （0.652）	4.460 （0.701）	4.360 （0.545）	7.989***	1＜4， 2＜4
职业观	3.970 （0.767）	4.050 （0.643）	4.270 （0.705）	4.420 （0.716）	4.190 （0.724）	10.543***	2＜4

注1：变异数同质，事后比较用LSD检定；变异数不同质，事后检验用Dunnett's T3 检验。

注2：*表示 $p<0.05$，数据有统计学差异；**表示 $p<0.01$，数据有显著统计学差异；***表示 $p<0.001$，数据有极其显著的统计学差异。

注3：专业分类：“1”＝文科类；“2”＝理工类；“3”＝艺术类；“4”＝体育类；“5”＝其他类。

资料来源：本书整理。

4.3.4 不同家庭居住地本科生在各变项中的差异比较

不同家庭居住地本科生在各变项中的ANOVA分析如表4-9所示。

在数字素养方面，不同家庭居住地本科生在整体数字素养及工具和技术域、信息域、交流域、内容创建域、安全域和问题解决域这几个构面上均不存在显著差异，其 F 值分别为1.942、1.930、2.023、1.770、1.323、1.952、1.465。

在心理资本方面，不同家庭居住地本科生在整体心理资本及自我效能、韧性、希望和乐观这几个构面上均不存在显著差异，其 F 值分别为0.551、1.052、0.349、0.494和0.678。

在社会支持方面，不同家庭居住地本科生在整体社会支持、主观支持、客观支持这几个构面上均不存在显著差异，其 F 值分别为0.541、

0.311和0.989，均未达到显著水平。

在就业核心竞争力方面，不同家庭居住地本科生在整体就业核心竞争力及技术力、实践力、学习力、创新力、适应力、心理品质和职业观这几个构面上均不存在显著差异，其 F 值分别为0.232、0.414、0.198、0.010、0.389、0.249、0.412和0.647，均未达到显著水平。

综上所述，在数字素养、心理资本、社会支持、就业核心竞争力四个变项中，本科生的数字素养、心理资本、社会支持、就业核心竞争力皆不会因为家庭居住地的不同而存在显著的差异（见表4-9）。

表4-9　不同家庭居住地本科生在各变项中的ANOVA分析结果

构面与整体	平均数（标准差）				F 值	事后检验
	乡镇	县 / 县级市	地级市	省会 / 直辖市		
整体数字素养	3.920（0.816）	3.900（0.873）	4.090（0.750）	4.270（0.598）	1.942	—
工具和技术域	3.800（0.954）	3.760（1.003）	4.040（0.908）	4.140（0.790）	1.930	—
信息域	3.940（0.860）	3.930（0.914）	4.110（0.784）	4.330（0.563）	2.023	—
交流域	4.010（0.852）	4.000（0.895）	4.170（0.738）	4.380（0.539）	1.770	—
内容创建域	3.900（0.859）	3.870（0.919）	3.980（0.863）	4.240（0.601）	1.323	—
安全域	3.950（0.873）	3.950（0.914）	4.160（0.798）	4.300（0.601）	1.952	—
问题解决域	3.920（0.884）	3.890（0.907）	4.090（0.784）	4.230（0.691）	1.465	—
整体心理资本	3.750（0.583）	3.730（0.632）	3.820（0.568）	3.860（0.502）	0.551	—
自我效能	3.870（0.783）	3.820（0.853）	3.980（0.715）	4.090（0.665）	1.052	—
韧性	3.300（0.685）	3.310（0.687）	3.370（0.674）	3.190（0.657）	0.349	—

（续表）

构面与整体	平均数（标准差）				F值	事后检验
	乡镇	县 / 县级市	地级市	省会 / 直辖市		
希望	3.850（0.677）	3.850（0.704）	3.930（0.697）	3.990（0.612）	0.494	—
乐观	3.980（0.754）	3.930（0.855）	4.010（0.851）	4.170（0.652）	0.678	—
整体社会支持	4.240（0.908）	4.180（0.983）	4.110（0.846）	4.360（1.082）	0.541	—
主观支持	5.880（0.937）	5.790（1.047）	5.850（0.946）	5.840（1.031）	0.311	—
客观支持	3.850（1.785）	3.770（1.845）	3.490（1.716）	4.230（2.197）	0.989	—
社会支持利用程度	2.990（0.770）	2.980（0.774）	2.980（0.789）	3.000（0.742）	0.004	—
整体就业核心竞争力	4.100（0.671）	4.090（0.782）	4.180（0.607）	4.120（0.645）	0.232	—
技术力	3.920（0.790）	3.950（0.856）	4.050（0.812）	3.920（0.790）	0.414	—
实践力	3.960（0.813）	3.940（0.858）	4.030（0.786）	3.890（0.838）	0.198	—
学习力	4.010（0.773）	4.000（0.850）	4.020（0.728）	4.000（0.859）	0.010	—
创新力	4.040（0.758）	4.030（0.832）	4.130（0.709）	4.170（0.604）	0.389	—
适应力	4.170（0.715）	4.180（0.793）	4.260（0.664）	4.180（0.733）	0.249	—
心理品质	4.340（0.655）	4.290（0.796）	4.390（0.586）	4.390（0.579）	0.412	—
职业观	4.270（0.686）	4.210（0.823）	4.370（0.589）	4.280（0.656）	0.647	—

注：变异数同质，事后检验用LSD检验；变异数不同质，事后检验用Dunnett's T3 检验。

资料来源：本书整理。

4.3.5　父母受教育水平在本科生各变项中的差异比较

父母受教育水平在本科生各变项中的 ANOVA 分析结果如表4-10所示。

在数字素养方面，父母受教育水平在本科生整体数字素养、技术域、信息域、交流域、内容创建域、安全域和问题解决域这几个构面上均不存在显著差异，其*F* 值分别为0.903、0.793、1.117、1.131、1.327、0.474、0.636。

在心理资本方面，父母受教育水平在本科生整体心理资本及自我效能、韧性和希望这几个构面上均不存在显著差异，其*F* 值分别为1.390、2.498、2.412和0.538，但父母受教育水平在本科生的乐观构面上都存在显著性差异，其*F* 值为2.687。经事后检验发现，父母受教育水平为本科及以上的本科生的乐观水平，均高于父母受教育水平为中学的本科生的乐观水平。

在社会支持方面，父母受教育水平在本科生整体社会支持、主观支持和社会支持利用程度上均不存在显著差异，其 *F* 值分别为1.806、0.999和0.084；但父母受教育水平在本科生客观支持构面上均存在显著差异，其*F* 值为2.821。经事后检验发现，父母受教育水平为中学的本科生获得的客观支持，高于父母受教育水平为专科的本科生获得的客观支持。

在就业核心竞争力方面，父母受教育水平在本科生整体就业核心竞争力及技术力、实践力、学习力、创新力、适应力、心理品质和职业观构面上均不存在显著差异，其*F* 值分别为0.335、0.093、0.176、0.603、0.350、0.490、0.453和1.643。

综上所述，在数字素养、心理资本、社会支持、就业核心竞争力四个变项中，父母受教育水平在本科生乐观和客观支持构面上存在显著差异，在其余构面上皆不存在显著性差异（见表4-10）。

表4-10　父母受教育水平在本科生各变项中的ANOVA分析表

构面与整体	平均数（标准差）				F 值	事后检验
	小学及以下	中学	专科	本科及以上		
整体数字素养	3.970（0.808）	3.910（0.845）	4.010（0.663）	4.080（0.862）	0.903	—
工具和技术域	3.80（0.996）	3.790（0.976）	3.910（0.765）	3.980（1.011）	0.793	—
信息域	3.980（0.887）	3.930（0.887）	4.090（0.683）	4.090（0.833）	1.117	—
交流域	4.060（0.817）	3.990（0.885）	4.160（0.649）	4.140（0.856）	1.131	—
内容创建域	3.980（0.830）	3.870（0.896）	3.950（0.730）	4.090（0.895）	1.327	—
安全域	4.000（0.859）	3.950（0.893）	4.010（0.736）	4.100（0.929）	0.474	—
问题解决域	3.970（0.877）	3.910（0.893）	3.950（0.779）	4.090（0.899）	0.636	—
整体心理资本	3.790（0.560）	3.720（0.607）	3.840（0.560）	3.830（0.557）	1.390	—
自我效能	3.940（0.803）	3.810（0.799）	3.960（0.664）	4.090（0.849）	2.498	—
韧性	3.330（0.628）	3.300（0.689）	3.420（0.766）	3.090（0.565）	2.412	—
希望	3.910（0.661）	3.830（0.702）	3.910（0.652）	3.890（0.616）	0.538	—
乐观	4.000（0.778）	3.930（0.795）	4.050（0.722）	4.240（0.745）	2.678*	2＜4
整体社会支持	4.220（0.956）	4.270（0.893）	4.000（0.943）	4.140（1.085）	1.806	—
主观支持	5.910（1.010）	5.970（0.918）	5.680（1.051）	5.860（1.120）	0.999	—
客观支持	3.730（1.817）	3.950（1.747）	3.320（1.848）	3.630（2.125）	2.821*	2＞3

（续表）

构面与整体	平均数（标准差）				F 值	事后检验
	小学及以下	中学	专科	本科及以上		
社会支持利用程度	3.010（0.772）	2.980（0.762）	3.010（0.719）	2.950（0.917）	0.084	—
整体就业核心竞争力	4.160（0.620）	4.100（0.675）	4.070（0.702）	4.080（0.953）	0.335	—
技术力	3.950（0.798）	3.930（0.784）	3.930（0.809）	3.990（1.016）	0.093	—
实践力	4.010（0.772）	3.950（0.795）	3.940（0.823）	3.940（1.120）	0.176	—
学习力	4.100（0.687）	3.990（0.775）	3.990（0.809）	3.990（1.076）	0.603	—
创新力	4.120（0.687）	4.030（0.763）	4.030（0.757）	4.060（0.982）	0.350	—
适应力	4.250（0.700）	4.160（0.707）	4.190（0.725）	4.120（0.974）	0.490	—
心理品质	4.400（0.599）	4.320（0.674）	4.300（0.703）	4.300（0.891）	0.453	—
职业观	4.320（0.617）	4.290（0.690）	4.130（0.780）	4.150（0.952）	1.643	—

注1：变异数同质，事后检验用LSD检验；变异数不同质，事后检验用 Dunnett's T3 检验。

注2：*表示 $p<0.05$，数据有统计学差异；**表示 $p<0.01$，数据有显著统计学差异；***表示 $p<0.001$，数据有极其显著的统计学差异。

注3：父母受教育水平分类：“1”＝小学及以下；“2”＝中学；“3”＝专科；“4”＝本科及以上。

资料来源：本书整理。

综上分析，不同变项在数字素养、心理资本、社会支持与就业核心竞争力上是有显著差异的。在性别方面，不同性别本科生在韧性、希望、乐观和客观支持这几个构面上不存在显著差异，在其余构面上皆存在显著性差异。在年级方面，不同年级本科生在整体数字素养、交流域、内容创建域、问题解决域、韧性、主观支持这几个构面上不存在显著差异，在其余构面上皆存在显著性差异。在专业方面，不同专业本科生在社会支持利用程度上不存在显著差异，在其余构面上皆存在显著性差异。在家庭居住地方面，本科生的数字素养、心理资本、社会支持、就业核心竞争力皆不会因为家庭居住地的不同而存在显著性差异。在父母受教育水平方面，本科生在乐观和客观支持这两个构面上会因父母受教育水平存在显著差异，在其余构面上皆不存在显著性差异。因此，本书假设H1部分成立。

4.4 相关分析

本书以Pearson相关系数分析四个变量之间是否存在相关性及相关程度。根据邱皓政的评定标准，相关系数 r 值=0表示变量不相关，r 值<0.1表示微弱相关，0.1≤ r <0.4表示低度相关，0.4≤ r <0.7表示中度相关，0.7≤ r <1.0 表示高度相关，r 值＝1.0表示完全相关。

4.4.1 数字素养、心理资本、社会支持、就业核心竞争力整体间相关分析

通过Pearson相关系数分析，四个变量的相关性分析结果如表4-11所示，数字素养与心理资本的相关系数为（r=0.744，p=0.000），表明数字素养与心理资本呈高度正向显著相关。数字素养与社会支持的相关系数为（r=0.320，p=0.000），表明数字素养与社会支持呈低度正向显著相关。数字素养与就业核心竞争力的相关系数为（r=0.620，p=0.000），表明数字素养与就业核心竞争力呈中度正向显著相关。心理资本与就业核心竞争力的相关系数为（r=0.628，p=0.000），表明心理资本与就业核心竞争力呈中度正向显著相关。社会支持与就业核心竞争力的相关系数为（r=0.462，p=0.000），表明社会支持与就业核心竞争力

呈中度正向显著相关（见表4-11）。

表4-11　四个变量的相关性分析

变量	数字素养	心理资本	社会支持	就业核心竞争力
数字素养	1			
心理资本	0.744***	1		
社会支持	0.320***	0.372***	1	
就业核心竞争力	0.620***	0.628***	0.462***	1

注：*表示 $p<0.05$，数据有统计学差异；**表示 $p<0.01$，数据有显著统计学差异；***表示 $p<0.001$，数据有极其显著的统计学差异。

资料来源：本书整理。

4.4.2　数字素养、心理资本与就业核心竞争力构面间相关分析

通过Pearson相关系数分析，数字素养、心理资本与就业核心竞争力的相关系数如表4-12所示。在表4-12中，数字素养与心理资本各构面的相关分析结果显示，数字素养各构面与自我效能构面的相关系数分别为（$r=0.663$，$p=0.000$）（$r=0.719$，$p=0.000$）（$r=0.733$，$p=0.000$）（$r=0.745$，$p=0.000$）（$r=0.729$，$p=0.000$）（$r=0.744$，$p=0.000$），表明数字素养各构面与自我效能构面呈中度或高度正向显著相关。数字素养各构面与韧性构面的相关系数分别为（$r=0.138$，$p=0.000$）（$r=0.178$，$p=0.000$）（$r=0.165$，$p=0.000$）（$r=0.179$，$p=0.000$）（$r=0.175$，$p=0.000$）（$r=0.174$，$p=0.000$）（$r=0.194$，$p=0.000$），表明数字素养各构面与韧性构面呈低度正向显著相关。数字素养各构面与希望构面的相关系数分别为（$r=0.543$，$p=0.000$）（$r=0.645$，$p=0.000$）（$r=0.671$，$p=0.000$）（$r=0.631$，$p=0.000$）（$r=0.640$，$p=0.000$）（$r=0.638$，$p=0.000$），表明数字素养各构面与希望构面呈中度正向显著相关。数字素养各构面与乐观构面的相关系数分别为（$r=0.607$，$p=0.000$）（$r=0.689$，$p=0.000$）（$r=0.696$，$p=$

0.000）（r=0.692，p=0.000）（r=0.668，p=0.000）（r=0.683，p=0.000），表明数字素养各构面与乐观构面呈中度正向显著相关。

数字素养与就业核心竞争力各构面的相关分析结果显示，数字素养各构面与技术力构面的相关系数分别为（r=0.521，p=0.000）（r=0.518，p=0.000）（r=0.534，p=0.000）（r=0.574，p=0.000）（r=0.539，p=0.000）（r=0.574，p=0.000），表明数字素养各构面与技术力构面呈中度正向显著相关。数字素养各构面与实践力构面的相关系数分别为（r=0.504，p=0.000）（r=0.508，p=0.000）（r=0.523，p=0.000）（r=0.558，p=0.000）（r=0.535，p=0.000）（r=0.567，p=0.000），表明数字素养各构面与实践力构面呈中度正向显著相关。数字素养各构面与学习力构面的相关系数分别为（r=0.507，p=0.000）（r=0.513，p=0.000）（r=0.527，p=0.000）（r=0.556，p=0.000）（r=0.534，p=0.000）（r=0.562，p=0.000），表明数字素养各构面与学习力构面呈中度正向显著相关。数字素养各构面与创新力构面的相关系数分别为（r=0.501，p=0.000）（r=0.534，p=0.000）（r=0.550，p=0.000）（r=0.564，p=0.000）（r=0.546，p=0.000）（r=0.579，p=0.000），表明数字素养各构面与创新力构面呈中度正向显著相关。数字素养各构面与适应力构面的相关系数分别为（r=0.478，p=0.000）（r=0.512，p=0.000）（r=0.530，p=0.000）（r=0.545，p=0.000）（r=0.545，p=0.000）（r=0.549，p=0.000），表明数字素养各构面与适应力构面呈中度正向显著相关。数字素养各构面与心理品质构面的相关系数分别为（r=0.433，p=0.000）（r=0.507，p=0.000）（r=0.530，p=0.000）（r=0.495，p=0.000）（r=0.509，p=0.000）（r=0.484，p=0.000），表明数字素养各构面与心理品质构面呈中度正向显著相关。数字素养各构面与职业观构面的相关系数分别为（r=0.479，p=0.000）（r=0.516，p=0.000）（r=0.526，p=0.000）（r=0.510，p=0.000）（r=0.525，p=0.000）（r=0.522，p=0.000），表明数字素养各构面与职业观构面呈中度正向显著相关。

心理资本各构面与就业核心竞争力各构面的相关分析结果显示，

自我效能与就业核心竞争力各构面的相关系数分别为（r=0.615，p=0.000）（r=0.577，p=0.000）（r=0.585，p=0.000）（r=0.585，p=0.000）（r=0.563，p=0.000）（r=0.506，p=0.000）（r=0.547，p=0.000），表明自我效能构面与就业核心竞争力各构面呈中度正向显著相关。韧性与就业核心竞争力各构面的相关系数分别为（r=0.186，p=0.000）（r=0.158，p=0.000）（r=0.200，p=0.000）（r=0.199，p=0.000）（r=0.249，p=0.000）（r=0.254，p=0.000）（r=0.257，p=0.000），表明韧性构面与就业核心竞争力各构面呈低度正向显著相关。希望与就业核心竞争力各构面的相关系数分别为（r=0.483，p=0.000）（r=0.472，p=0.000）（r=0.502，p=0.000）（r=0.510，p=0.000）（r=0.525，p=0.000）（r=0.535，p=0.000）（r=0.541，p=0.000），表明希望构面与就业核心竞争力各构面呈中度正向显著相关。乐观与就业核心竞争力各构面的相关系数分别为（r=0.534，p=0.000）（r=0.521，p=0.000）（r=0.510，p=0.000）（r=0.540，p=0.000）（r=0.531，p=0.000）（r=0.506，p=0.000）（r=0.512，p=0.000），表明乐观构面与就业核心竞争力各构面呈中度正向显著相关。

4.4.3 社会支持与就业核心竞争力构面间相关分析

通过 Pearson 相关系数分析，社会支持与就业核心竞争力构面的相关系数如表4-13所示。在表4-13中，社会支持与就业核心竞争力各构面的相关分析结果显示，主观支持与技术力的相关系数为（r=0.494，p=0.000），主观支持与实践力的相关系数为（r=0.485，p=0.000），主观支持与学习力的相关系数为（r=0.455，p=0.000），主观支持与创新力的相关系数为（r=0.452，p=0.000），主观支持与适应力的相关系数为（r=0.500，p=0.000），主观支持与心理品质的相关系数为（r=0.363，p=0.000），主观支持与职业观的相关系数为（r=0.413，p=0.000）。客观支持与技术力的相关系数为（r=0.264，p=0.000），客观支持与实践力的相关系数为（r=0.271，p=0.000），客观支持与学习力的相关系数为（r=0.261，p=0.000），客观支持与创新力的相关系数为（r=0.267，p=0.000），客观支持与适应力的相关系数为（r=0.273，p=0.000），客观支持与心理品质的相关系数为（r=0.211，p=0.000），客观支持与职业观的相关系数为（r=0.243，p=0.000）。社会支持利用程度与技术力的相关系数为（r=0.365，p=0.000），社会支持利用程度与实践力的相关系数为（r=0.387，p=0.000），社会支持利用程度与学习力的相关系数为（r=0.365，p=0.000），社会支持利用程度与创新力的相关系数为（r=0.346，p=0.000），社会支持利用程度与适应力的相关系数为（r=0.358，p=0.000），社会支持利用程度与心理品质的相关系数为（r=0.294，p=0.000），社会支持利用程度与职业观的相关系数为（r=0.321，p=0.000）。这表明社会支持中的主观支持构面，除与就业核心竞争力中的心理品质构面呈低度正向显著相关外，与就业核心竞争力的其余构面均呈中度正向显著相关。社会支持中的客观支持和社会支持利用程度构面与就业核心竞争力各构面，均呈低度正向显著相关。

4.5 直接作用效果及中介效果检验

上述研究表明，数字素养、心理资本及就业核心竞争力的各变量符合正态分布，概念性模型的内在效度、外在信度品质皆较佳，适合进行结构模型分析，同时应验证各潜在变量之间的因果关系。

表4-14为数字素养、心理资本及就业核心竞争力的相关系数摘要表。由该表可知，数字素养与就业核心竞争力呈显著正相关，其相关系数为（r=0.620，p=0.000）。心理资本与就业核心竞争力呈显著正相关，其相关系数为（r=0.628，p=0.000）；数字素养与心理资本呈显著正相关，其相关系数为（r=0.744，p=0.000）。这说明各构面均有相对的独立性（见表4-14）。

表4-12 数字素养、心理资本与就业核心竞争力各构面相关摘要表

变量	技术与工具域	信息域	交流域	内容创建域	安全域	问题解决域	自我效能	韧性	希望	乐观	技术力	实践力	学习力	创新力	适应力	心理品质	职业观
技术与工具域	1																
信息域	0.882**	1															
交流域	0.783**	0.897**	1														
内容创建域	0.763**	0.844**	0.893**	1													
安全域	0.733**	0.826**	0.875**	0.884**	1												
问题解决域	0.751**	0.831**	0.869**	0.892**	0.931**	1											
自我效能	0.663**	0.719**	0.733**	0.745**	0.729**	0.744**	1										
韧性	0.138**	0.178**	0.165**	0.179**	0.175**	0.174**	0.194**	1									
希望	0.543**	0.645**	0.671**	0.631**	0.640**	0.638**	0.748**	0.424**	1								
乐观	0.607**	0.689**	0.696**	0.692**	0.668**	0.683**	0.811**	0.142**	0.786**	1							
技术力	0.521**	0.518**	0.534**	0.574**	0.539**	0.574**	0.615**	0.186**	0.483**	0.534**	1						
实践力	0.504**	0.508**	0.523**	0.558**	0.535**	0.567**	0.577**	0.158**	0.472**	0.521**	0.908**	1					

（续表）

变量	技术与工具域	信息域	交流域	内容创建域	安全域	问题解决域	自我效能	韧性	希望	乐观	技术力	实践力	学习力	创新力	适应力	心理品质	职业观
学习力	0.507**	0.513**	0.527**	0.556**	0.534**	0.562**	0.585**	0.200**	0.502**	0.510**	0.870**	0.904**	1				
创新力	0.501**	0.534**	0.550**	0.564**	0.546**	0.579**	0.585**	0.199**	0.510**	0.540**	0.855**	0.879**	0.911**	1			
适应力	0.478**	0.512**	0.530**	0.545**	0.545**	0.549**	0.563**	0.249**	0.525**	0.531**	0.765**	0.799**	0.809**	0.843**	1		
心理品质	0.433**	0.507**	0.530**	0.495**	0.509**	0.484**	0.506**	0.254**	0.535**	0.506**	0.650**	0.663**	0.692**	0.744**	0.845**	1	
职业观	0.479**	0.516**	0.526**	0.510**	0.525**	0.522**	0.547**	0.257**	0.541**	0.512**	0.734**	0.739**	0.751**	0.773**	0.829**	0.887**	1

注：*表示 $p<0.05$，数据有统计学差异；**表示 $p<0.01$，数据有显著统计学差异；***表示 $p<0.001$，数据有极其显著的统计学差异。

资料来源：本书整理。

表4-13　社会支持与就业核心竞争力各构面相关摘要表

变量	主观支持	客观支持	社会支持利用程度	技术力	实践力	学习力	创新力	适应力	心理品质	职业观
主观支持	1									
客观支持	0.388**	1								
社会支持利用程度	0.443**	0.329**	1							
技术力	0.494**	0.264**	0.365**	1						
实践力	0.485**	0.271**	0.387**	0.908**	1					
学习力	0.455**	0.261**	0.365**	0.870**	0.904**	1				
创新力	0.452**	0.267**	0.346**	0.855**	0.879**	0.911**	1			
适应力	0.500**	0.273**	0.358**	0.765**	0.798**	0.809**	0.843**	1		
心理品质	0.363**	0.211**	0.294**	0.650**	0.663**	0.692**	0.744**	0.845**	1	
职业观	0.413**	0.243**	0.321**	0.734**	0.739**	0.751**	0.773**	0.829**	0.887**	1

注：*表示 $p < 0.05$，数据有统计学差异；**表示 $p < 0.01$，数据有显著统计学差异；***表示 $p < 0.001$，数据有极其显著的统计学差异。

资料来源：本书整理。

表4-14　数字素养、心理资本及就业核心竞争力的相关系数摘要表

变量	数字素养	心理资本
数字素养	1	0.744**
就业核心竞争力	0.620**	0.628**

注：*表示 $p<0.05$，数据有统计学差异；**表示 $p<0.01$，数据有显著统计学差异；***表示 $p<0.001$，数据有极其显著的统计学差异。

资料来源：本书整理。

4.5.1　数字素养与就业核心竞争力的直接作用效果检验

4.5.1.1　模型适配图

本书通过线性结构方程模式建构理论模式，采用AMOS 22.0版本统计软件进行因果模式验证，分析结果如图4-1所示。由图4-1可知，数字素养对就业核心竞争力的影响系数为0.63（见图4-1）。

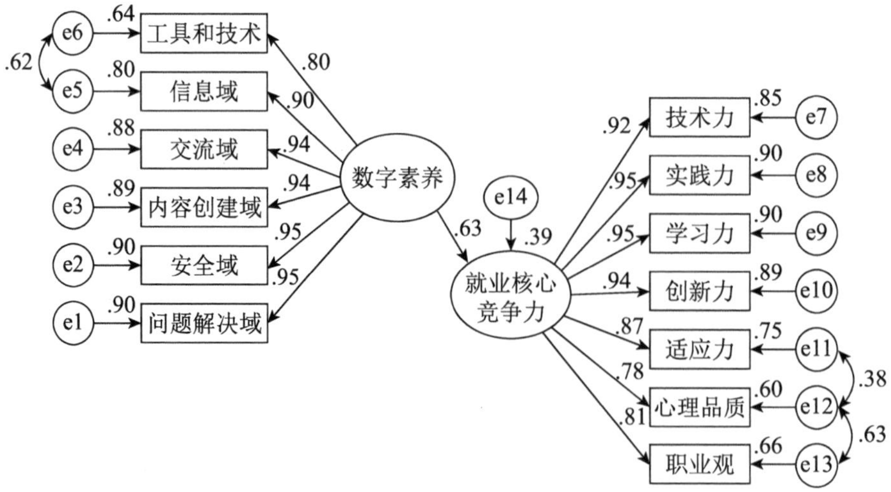

图4-1　数字素养与就业核心竞争力因果模型图

4.5.1.2 违犯估计检验

数字素养与就业核心竞争力的直接作用模型参数估计表如表4-15所示。由表4-15可知，数字素养与就业核心竞争力直接作用模型的误差变异数介于0.060至0.337之间，皆为正值。标准化加权回归系数介于0.625至0.950之间，没有大于0.950；标准误介于0.005至0.023之间，且 t 值皆显著，证明没有太大的标准误。因此，本模型不存在违犯估计的问题（见表4-15）。

表4-15 数字素养与就业核心竞争力直接作用模型参数估计表

参数	加权回归系数	标准误	t 值	误差变异数	多元相关平方
数字素养→工具和技术域	0.801	0.020	16.732***	0.329	0.642
数字素养→信息域	0.896	0.010	15.254***	0.146	0.804
数字素养→交流域	0.937	0.007	13.430***	0.088	0.878
数字素养→内容创建域	0.941	0.006	13.834***	0.086	0.885
数字素养→安全域	0.948	0.006	12.756***	0.077	0.899
数字素养→问题解决域	0.950	0.006	12.309***	0.073	0.905
就业核心竞争力→技术力	0.922	0.007	14.631***	0.097	0.850
就业核心竞争力→实践力	0.946	0.005	13.139***	0.070	0.896
就业核心竞争力→学习力	0.950	0.005	13.119***	0.060	0.904
就业核心竞争力→创新力	0.944	0.005	13.443***	0.064	0.890
就业核心竞争力→适应力	0.866	0.008	16.081***	0.133	0.750
就业核心竞争力→心理品质	0.777	0.009	19.849***	0.170	0.604

（续表）

参数	加权回归系数	标准误	*t* 值	误差变异数	多元相关平方
就业核心竞争力→职业观	0.811	0.010	16.690***	0.173	0.659
数字素养→就业核心竞争力	0.625	0.023	14.773***	0.337	0.391

注：*表示 $p<0.05$，数据有统计学差异；**表示 $p<0.01$，数据有显著统计学差异；***表示 $p<0.001$，数据有极其显著的统计学差异。

资料来源：本书整理。

4.5.1.3 模型适配度检定

在整体模型适配度检验中，绝对适配度指标是用以衡量理论模型与实际观测数据之间匹配程度的重要指标；增值适配度指标主要用来判断理论模型相对于虚无模型的拟合改进程度；简效适配度指标用以呈现需要达到某一特殊水准的模式适配的估计系数数目。当模型所估计的参数较多时，GFI较难达到0.9的标准。对此，可酌量将标准放宽到0.8，相应地，AGFI的标准也可酌量放宽到0.8。数字素养与就业核心竞争力作用模型适配度摘要见表4-16。

表4-16 数字素养与就业核心竞争力作用模型适配度摘要表

统计检验量		标准值	鉴定结果	模型适配判断
绝对适配度指标	卡方	越小越好	638.144（$p=0.000$）	不符合
	卡方 / 自由度	小于 3	10.461	不符合
	GFI	大于 0.8	0.854	符合
	AGFI	大于 0.8	0.802	符合
	RMR	小于 0.08	0.022	符合
	RMSEA	小于 0.08	0.063	符合
增值适配度指标	NFI	大于 0.9	0.947	符合
	NNFI	大于 0.9	0.938	符合
	CFI	大于 0.9	0.952	符合

（续表）

统计检验量		标准值	鉴定结果	模型适配判断
增值适配度指标	RFI	大于 0.9	0.932	符合
	IFI	大于 0.9	0.952	符合
简效适配度指标	PNFI	大于 0.5	0.741	符合
	PGFI	大于 0.5	0.744	符合

资料来源：本书整理。

在数字素养与就业核心竞争力作用模型适配度中，在绝对适配度指标方面，χ^2为638.144（df=61，p=0.000，χ^2/df =10.461），达到显著水平，表示理论模型与观察资料不适配。但是，本书正式样本数为1 281，χ^2值常受样本数影响，这里仅作为参考指标。在其他指标方面，GFI=0.854，AGFI=0.802，RMR=0.022，RMSEA=0.063，皆达到适配水平。可见，在绝对适配度指标方面，模型适配度较好。在增值适配度指标方面，NFI=0.947，NNFI（TLI）=0.938，CFI=0.952，RFI=0.932，IFI=0.952，指标值皆大于0.900，全部达到适配度标准。这表明在增值适配度指标方面，模型适配度很理想。在简效适配度指标方面，PNFI=0.741，PGFI=0.744，均大于0.500，表明模式适配度尚属良好，符合模式精简的要求。

4.5.1.4　路径关系检验

由表4-17可知，数字素养对就业核心竞争力的路径系数为0.625（t=14.733），路径系数呈显著性，故本科生的数字素养水平越高，其就业核心竞争力就越高。

表4-17　数字素养与就业核心竞争力路径关系检验摘要表

假设	路径	假设关系	路径值	t	假设成立与否
H2	数字素养→就业核心竞争力	正向	0.625***	14.733	成立

注：*表示 p <0.05，数据有统计学差异；**表示 p <0.01，数据有显著统计学差异；***表示 p <0.001，数据有极其显著的统计学差异。

资料来源：本书整理。

4.5.2　数字素养对心理资本的直接作用效果以及直接作用效果检验

4.5.2.1　模型适配图

本书通过线性结构方程模式建构理论模式，采用AMOS 22.0版本统计软件进行因果模式验证。数字素养、心理资本、就业核心竞争力的因果模型图如图4-2所示。

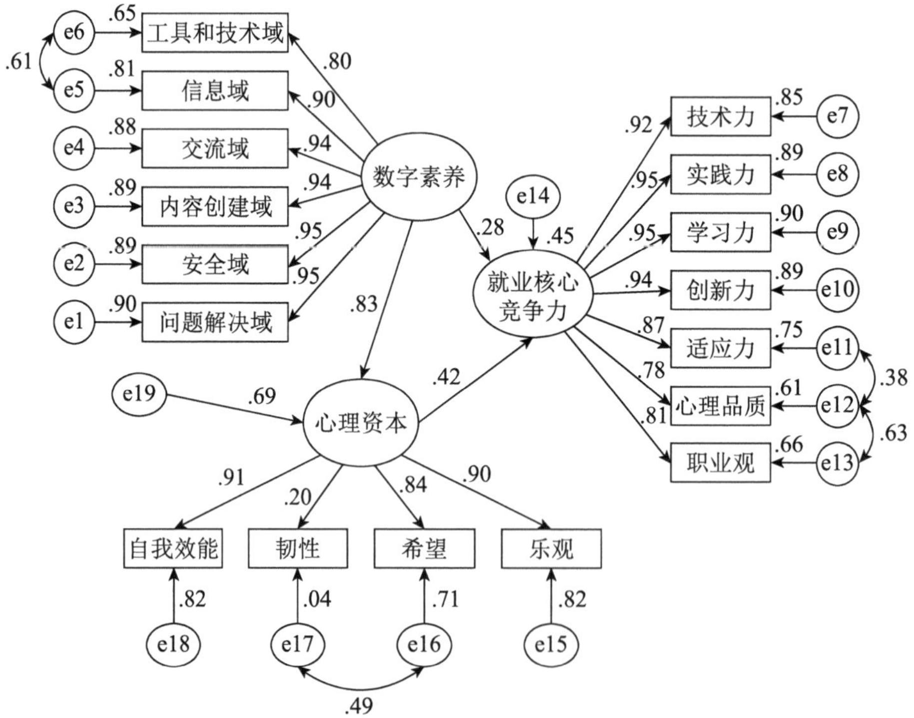

图4-2　数字素养、心理资本、就业核心竞争力因果模型图

4.5.2.2　违犯估计检验

由表4-18数字素养、心理资本、就业核心竞争力整体模型参数估计摘要表可知，数字素养、心理资本、就业核心竞争力整体作用模型的误差变异数在0.060至0.447之间，皆为正值。标准化加权回归系数介于0.198

至0.950之间，没有大于0.950；标准误介于0.005至0.025之间，且 t 值皆显著，证明没有太大的标准误差。因此，本模型不存在违犯估计的现象。

表4-18　数字素养、心理资本、就业核心竞争力整体模型参数估计摘要表

参数	加权回归系数	标准误	t 值	误差变异数	多元相关平方
数字素养→工具和技术域	0.803	0.019	16.758***	0.326	0.654
数字素养→信息域	0.900	0.009	15.278***	0.141	0.809
数字素养→交流域	0.939	0.006	13.468***	0.085	0.882
数字素养→内容创建域	0.901	0.006	14.031***	0.086	0.886
数字素养→安全域	0.946	0.006	13.082***	0.080	0.895
数字素养→问题解决域	0.949	0.006	12.653***	0.076	0.901
心理资本→自我效能	0.905	0.010	11.106***	0.113	0.819
心理资本→韧性	0.198	0.025	17.655***	0.447	0.039
心理资本→希望	0.844	0.009	14.244***	0.134	0.712
心理资本→乐观	0.905	0.010	11.198***	0.111	0.819
就业核心竞争力→技术力	0.922	0.007	14.631***	0.097	0.851
就业核心竞争力→实践力	0.946	0.005	13.192***	0.071	0.895
就业核心竞争力→学习力	0.950	0.005	13.155***	0.060	0.903
就业核心竞争力→创新力	0.944	0.005	13.462***	0.064	0.890
就业核心竞争力→适应力	0.867	0.008	16.077***	0.132	0.751
就业核心竞争力→心理品质	0.778	0.009	19.837***	0.170	0.606
就业核心竞争力→职业观	0.812	0.010	16.683***	0.172	0.660
数字素养→心理资本	0.828	0.014	11.634***	0.158	0.686
数字素养→就业核心竞争力	0.280	0.021	14.573***	0.307	0.416
心理资本→就业核心竞争力	0.417				

注：*表示 $p<0.05$，数据有统计学差异；**表示 $p<0.01$，数据有显著统计学差异；***表示 $p<0.001$，数据有极其显著的统计学差异。

资料来源：本书整理。

4.5.2.3 整体模型适配度检验

由表4-19整体模型适配度摘要表可知，在绝对适配度指标方面，χ^2为844.238（df＝112，p＝.000，χ^2/df ＝7.538），达到显著水平，表示理论模型与观察资料不适配。但是，本研究正式样本数为1 281，χ^2值常受样本数影响，这里仅作为参考指标。在其他指标方面，GFI＝0.848，AGFI＝0.800，RMR＝0.024，RMSEA＝0.073，皆达到适配水平。可见，在绝对适配度指标方面，模型适配度良好。在增值适配度指标方面，NFI＝0.942，NNFI（TLI）＝0.938，CFI＝0.949，RFI＝0.929，IFI＝0.949，指标值皆大于0.900，全部达到适配标准。可见，在增值适配度指标方面，模型适配度很理想。在简效适配度指标方面，PNFI＝0.775，PGFI＝0.781，均大于0.500。可见，模型适配度尚属良好，符合模型精简的要求（见表4-19）。

表4-19 整体模型适配度摘要表

统计检验量		标准值	鉴定结果	模型适配判断
绝对适配度指标	卡方	越小越好	844.238（p ＝ 0.000）	不符合
	卡方 / 自由度	小于 3	7.538	不符合
	GFI	大于 0.8	0.848	符合
	AGFI	大于 0.8	0.800	符合
	RMR	小于 0.08	0.024	符合
	RMSEA	小于 0.08	0.073	符合
增值适配度指标	NFI	大于 0.9	0.942	符合
	NNFI	大于 0.9	0.938	符合
	CFI	大于 0.9	0.949	符合
	RFI	大于 0.9	0.929	符合
	IFI	大于 0.9	0.949	符合
简效适配度指标	PNFI	大于 0.5	0.775	符合
	PGFI	大于 0.5	0.781	符合

资料来源：本书整理。

4.5.2.4　路径关系检验

由表4-20数字素养与心理资本、就业核心竞争力的直接作用效果检验摘要表可知，数字素养对心理资本的路径系数为0.828，t=11.634，大于1.96，路径系数呈现出显著性，故本科生的数字素养水平越高，心理资本水平就越高。心理资本对就业核心竞争力的路径系数为0.417，t=14.573，路径系数呈现出显著性，故本科生的心理资本水平越高，就业核心竞争力就越高（见表4-20）。

表4-20　数字素养与心理资本、就业核心竞争力的直接作用效果检验摘要表

假设	路径	假设关系	路径值	t	假设成立与否
H3	数字素养→心理资本	正向	0.828***	11.634	成立
H4	心理资本→就业核心竞争力	正向	0.417***	14.573	成立

注：*表示 $p<0.05$，数据有统计学差异；**表示 $p<0.01$，数据有显著统计学差异；***表示 $p<0.001$，数据有极其显著的统计学差异。

资料来源：本书整理。

4.5.3　心理资本的中介作用

巴伦（Baron）和肯尼（Kenny）认为，如果中介效应存在，需要满足以下三个条件：①自变量对因变量的影响是显著的；②自变量对中介变量的影响是显著的；③在把自变量和中介变量都作为自变量放入一个回归模型中时，如果自变量对因变量的影响不再显著，或虽然自变量对因变量的影响依然显著但是回归系数降低，则说明发生了完全中介或部分中介。中介效应的过程见图4-3。

如图4-3所示，X 为自变量，Y 为因变量，M 是中介变量。利用巴伦和肯尼的三步回归方法，一是检验自变量对因变量的影响是否显著，即 X 对 Y 的影响是否显著。对此，主要观察回归系数 c，如果系数 c 显著，则可以继续进行后续的中介分析；如果系数 c 不显著，则终止中介分析。二是检验自变量X是否显著影响中介变量 M。对此，如果回归系数 a 显著，则可以继续进行随后的中介分析，否则终止中介效用分析。三是将

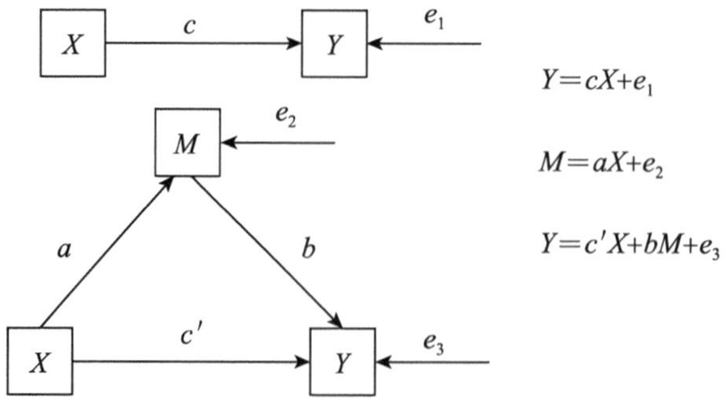

图 4-3　中介效应示意图

中介变量 M 和自变量 X 都加入模型进行回归分析时，如果回归系数 b 显著，则说明存在中介效应；如果回归系数 c' 不显著，就说明存在完全中介效应；如果回归系数 c' 依然显著，但系数有所降低，就说明存在部分中介效应。

本书采用重复抽样估计法（Bootstrap）验证心理资本的中介作用，其中重复抽样的次数设置为1 000次。该方法的判断标准为：若间接效应的95%置信区间包含0（不显著），则无中介；若间接效应不含0（显著），直接效应包含0（不显著），则属于完全中介；若直接效应和间接效应都不包含0（均显著），则属于部分中介。

由表4-21 Bootstrap中介效果摘要表可知，数字素养对就业核心竞争力的直接效应的95%置信区间不包含0，所以直接效应显著。数字素养通过心理资本对就业核心竞争力的间接效应的95%置信区间不包含0，间接效应显著。故心理资本在数字素养对就业核心竞争力的影响中起中介作用成立（见表4-21）。

表4-21　Bootstrap中介效果摘要表

	Estimate	95% 置信区间		
		BC/PC p value	BC	PC
间接效应：数字素养→心理资本→就业核心竞争力	0.345	0.001/0.001	0.170～0.618	0.134～0.575

（续表）

	Estimate	95% 置信区间		
		BC/PC p value	BC	PC
直接效应：数字素养→就业核心竞争力	0.280	0.001/0.001	0.001 ～ 0.456	0.005 ～ 0.487
整体效应：数字素养→就业核心竞争力	0.625	0.001/0.001	0.510 ～ 0.699	0.529 ～ 0.711

资料来源：本书整理。

4.5.4 社会支持的调节作用

本书以社会支持为调节变量，利用统计分析软件AMOS 22.0，通过多群组分析的方式，探讨社会支持在本科生数字素养与就业核心竞争力之间的作用。具体步骤如下：①对社会支持变量进行高低分组；②检验分组的有效性；③对多群组进行结构方程模型分析，首先进行单样本模型适配度检验，然后进行路径系数的恒等性检验，以检验社会支持是否具有调节效果。

①首先通过SPSS 24软件，采用K均值分类法进行高低分组，分组结果为低分组747个样本，高分组534个样本。

②通过判别分析和独立样本 t 检验发现，上述高低分组是有效的。

③进行单体模型适配度检验。

在进行单体模型适配度检验时，首先制作三个单体模型，分别为全样本模型、低分组模型和高分组模型，然后再进行模型适配度检验，其结果见表4-22。

表4-22 单样本模型适配度检验表

统计检验量		标准值	整体样本	低分组	高分组	模型适配判断
绝对适配度指标	卡方	越小越好	2027.039（p=0.000）	1419.986（p=0.000）	1314.201（p=0.000）	不符合

（续表）

统计检验量		标准值	整体样本	低分组	高分组	模型适配判断
绝对适配度指标	卡方/自由度	小于3	18.099	12.678	11.734	不符合
	GFI	大于0.8	0.831	0.810	0.769	符合
	AGFI	大于0.8	0.801	0.800	0.685	符合
	RMR	小于0.08	0.029	0.031	0.032	符合
	RMSEA	小于0.08	0.078	0.079	0.078	符合
增值适配度指标	NFI	大于0.9	0.938	0.922	0.911	符合
	NNFI	大于0.9	0.928	0.912	0.901	符合
	CFI	大于0.9	0.941	0.927	0.918	符合
	RFI	大于0.9	0.925	0.905	0.901	符合
	IFI	大于0.9	0.941	0.927	0.918	符合
简效适配度指标	PNFI	大于0.5	0.772	0.759	0.750	符合
	PGFI	大于0.5	0.775	0.764	0.756	符合

由表4-22单样本模型适配度检验表可知，χ^2/df 在三个单样本模型中分别为18.099（$p=0.000$）、12.678（$p=0.000$）、11.734（$p=0.000$），达到显著水平，表示理论模型与观察资料不适配。但是，本书正式样本数为1281，χ^2值常受样本数影响，这里仅作为参考指标。三个模型中的绝对适配度指标、增值适配度指标、简效适配度指标均达到标准参考值，从整体来看，三个单样本模型的适配度均良好，可以继续进行后续的恒等性检验相关分析。

在进行路径系数恒等性检验时，以原有的数字素养、心理资本、就业核心竞争力模型为基准模型，在基准模型的基础上按照社会支持得分情况分成低分组和高分组两组，同时设定两组的数字素养对就业核心竞争力的影响系数相等，并以此为干扰模型。通过建立不受限模型（即基准模型）和受限模型（即干扰模型），对两个模型的卡方值和自由度进行比对，得到两者的卡方差异值。如果卡方差异值的检验结果是显著的，那么调节效果就是显著的，反之则无调节作用。如表 4-23 路径系数恒等结果摘要表所示，基准模型与干扰模型的卡方差异值为6.225（$p=0.001$），达到显著标准，因此可以推论社会支持对本科生就业核心竞争力调节效果显著（见表 4-23）。

表4-23　路径系数恒等结果摘要表

模型	说明	卡方值	自由度	卡方差异值	卡方值差异 p
模型一	基准模型	2734.281	82	6.225	0.001
模型二	干扰模型	2740.506	81		

注：*表示 $p<0.05$，数据有统计学差异；**表示 $p<0.01$，数据有显著统计学差异；***表示 $p<0.001$，数据有极其显著的统计学差异。

资料来源：本书整理。

路径系数变化摘要见表 4-24。

表4-24　路径系数变化摘要表

	整体样本路径系数	低分组路径系数	高分组路径系数
数字素养→就业核心竞争力	0.28***	0.27***	0.31***

注：*表示 $p<0.05$，数据有统计学差异；**表示 $p<0.01$，数据有显著统计学差异；***表示 $p<0.001$，数据有极其显著的统计学差异。

资料来源：本书整理。

综上所述，本书的研究结果除了对丰富社会交互理论起着重要作用，还对教育管理者的实践工作具有一定的指导意义。本科生从家人、教师和同学获得的主观支持、客观支持以及社会支持利用程度可以提升本科生的就业核心竞争力。在实际的教育管理活动中，除了提高本科生的数字素养外，还可以通过来自家人、教师和同学的支持，引导本科生对社会支持进行合理利用入手，提升本科生的就业竞争优势。拥有高水平社会支持的大学生比拥有低水平社会支持的大学生拥有更高的就业核心竞争力，而且随着数字素养水平的提高，拥有高水平社会支持的大学生比拥有低水平社会支持的大学生的就业竞争优势更加明显。因此，本科生社会支持在数字素养对就业竞争力的影响中起着调节作用。

4.6 假设验证结果

前面几节通过差异分析、相关分析、中介模式检验，对本书提出的研究假设进行了逐一分析验证。对研究假设的验证结果进行整理，其结果见表4-25。

表4-25 研究假设验证结果摘要表

研究假设	验证结果
H1：不同背景变项在本科生数字素养、心理资本、社会支持与就业核心竞争力上有显著差异	部分成立
H2：本科生数字素养对其就业核心竞争力有显著正向影响	成立
H3：本科生数字素养对其心理资本有显著正向影响	成立
H4：本科生心理资本对其就业核心竞争力有显著正向影响	成立
H5：本科生心理资本在数字素养对就业核心竞争力的影响中起着中介作用	成立
H6：本科生社会支持在数字素养对就业核心竞争力的影响中起着调节作用	成立

资料来源：本书整理。

综上所述，本章基于第2章提出的研究假设，采用以独立样本 t 检验或ANOVA检验对不同背景变项进行了统计分析，并以结构模型分析进一步探讨了变量间的解释与预测关系，再参考巴伦和肯尼提出的中介效果和调节效果检验方法，采用Bootstrap检验法验证了心理资本的中介作用，运用多群组结构方程模型验证了社会支持在数字素养与就业核心竞争力之间的调节作用。研究结果表明：①在背景变项方面，不同性别本科生在韧性、希望、乐观和客观支持这几个构面上不存在显著差异，在其余构面上皆会因为性别的不同而存在显著性差异。在年级方面，不同年级本科生在整体数字素养、交流域、内容创建域、问题解决域、韧性、主观支持这几个构面上不存在显著差异，在其余构面上皆会因为年级的不同而存在显著性差异。在专业方面，不同专业本科生在社会支持利用程度上不存在显著差异，在其余构面上皆存在显著性差异。在家庭居住地方面，本科生的数字素养、心理资本、社会支持、就业核心竞争力皆不会因为家庭居住地的不同而存在显著性差异。在父母受教育水平方面，父母受教育水平使本科生在乐观和客观支持这两个构面上存在显著差异，在其余构面上皆不存在显著性差异。②本科生的数字素养对就业核心竞争力有着显著正向的影响，相关系数为（$r=0.625$，$p=0.000$）。③本科生的数字素养对心理资本有着显著的正向影响，相关系数为（$r=0.828$，$p=0.000$）。④本科生的心理资本对就业核心竞争力有显著正向影响，相关系数为（$r=0.417$，$p=0.000$）。⑤本科生的心理资本在数字素养对就业核心竞争力的影响中起着中介作用，相关系数为（$r=0.345$，$p=0.000$）。数字素养与就业核心竞争力的相关系数由原来的（$r=0.625$，$p=0.000$）下降到（$r=0.3280$，$p=0.000$），表明心理资本在数字素养对就业核心竞争力的影响中起到部分中介作用。⑥本科生的社会支持在数字素养对就业核心竞争力的影响中起着调节作用，相关系数为（CMIN$=6.225$，$p=0.000$）。

第5章　研究结论与研究局限

依据第1章对研究背景、动机与目的的陈述，辅以第2章的文献梳理及研究假设推导，经第3章的研究设计、第4章的研究结果分析与探讨，本章对研究结论与研究局限进行了归纳。

5.1　主要研究发现与结论

本书经由针对初试问卷的项目分析、探索性因素分析与信度分析，以及针对正式问卷的验证性因素分析与信度分析后，得知由数字素养量表、心理资本量表、社会支持量表及就业核心竞争力量表组成的《大学生数字素养对就业核心竞争力影响的调查问卷》具有较好的信效度。本节首先说明了本科生的数字素养、心理资本、社会支持及就业核心竞争力现状，其次整理了不同背景变项各研究变量的差异情况、各变量间的相关性以及本科生的数字素养、心理资本对就业核心竞争力的影响情况和数字素养对心理资本的影响情况，最后探讨了本科生的心理资本在数字素养对就业核心竞争力的影响中发挥的中介作用，以及社会支持在数字素养对就业核心竞争力的影响中发挥的调节作用。

5.1.1　本科生数字素养、心理资本、社会支持及就业核心竞争力的现状及差异讨论

5.1.1.1　本科生数字素养现状及差异讨论

从第4章可以看出，本科生数字素养的整体分值在3.82～4.03之间，其中交流水平最高，工具和技术水平最低，表明本科生已经具备了一定的数字素养基础，但整体水平一般，属于中等偏上的水平，这与其他研究结果相符合。

通过不同背景变项对本科生数字素养的影响的相关数据可知，本书对不同背景变项对本科生数字素养的影响的研究结果与其他研究存在差异。

在性别方面，本书发现，本科生的数字素养会因为性别的差异而存在不同，且男生所表现出来的数字素养水平要比女生高。这一结论与某些研究结果相符，但与刘倩和盛思远的研究结果不一致，这可能是由于研究群体或者研究区域不同而导致的。在本研究中，男生无论是在整体数字素养水平上，还是在数字素养的六个构面（工具和技术域、信息域、交流域、内容创建域、安全域、问题解决域）上，均高于女生。究其原因可能是相较于女生，男生对计算机的接受及使用程度更高，兴趣也更大，男性更倾向于通过理性分析后自己解决问题，并且能够通过各种方式和渠道学习使用计算机技术。

在年级方面，本书与其他研究者有不同的发现。本书发现，不同年级本科生在整体数字素养、交流域、内容创建域、安全域、问题解决域构面上不存在显著差异，在工具和技术域、信息域构面上存在显著差异。经事后比较发现，大一学生的工具和技术水平、信息水平均低于大三学生的工具和技术水平、信息水平，而大三学生的信息水平高于大四学生的信息水平。究其原因可能是相比大一、大二学生，大三学生对数字素养的认知程度更高，兴趣也更大，而大四年级学生更注重找工作、考研和其他考试的准备工作。

在专业方面，本书发现不同专业本科生的数字素养存在显著差异，这样的结果与先前的文献结果相符。但是，经事后检验研究发现，理工

类本科生的整体数字素养技术水平、信息水平、交流水平、内容创建水平、安全水平和问题解决水平均低于体育类本科生的整体数字素养、技术水平、信息水平、交流水平、内容创建水平、安全水平和问题解决水平；同时理工类本科生的整体数字素养、技术水平、交流水平、内容创建水平和问题解决水平均低于艺术类本科生的整体数字素养、技术水平、交流水平、内容创建水平和问题解决水平，这与先前文献结果不一致。两者存在差异可能是因为研究群体、数字素养量表或者研究区域不同。

在家庭居住地方面，本书未发现家庭居住地不同的本科生在数字素养上有差异，这与盛思远的研究发现一致。造成这一结果的原因可能是随着互联网普及率的不断提高，无论家庭居住地在何处，数字环境都几乎一致。

在父母受教育水平方面，本书与其他研究者有不同的发现，即未发现父母受教育水平会导致本科生的数字素养有差异。造成这一结果的原因可能是在数字化教育环境下，教育资源的获取相对更加公平。

5.1.1.2　本科生心理资本现状及差异讨论

从第4章可以看出，本科生心理资本整体分值在3.300～3.980，其中乐观水平较高，韧性水平最低，表明本科生整体心理资本水平一般，属于中等偏上的水平，特别需要提升韧性水平。

在性别方面，本书与其他研究有不同的发现。本书发现不同性别的本科生的整体心理资本水平有显著差异，且男生的心理资本水平显著高于女生的心理资本水平。不同性别的本科生在心理资本内的自我效能构面上存在显著差异，且男生的自我效能水平要显著高于女生；不同性别的本科生在心理资本内的韧性、希望和乐观构面上不存在显著差异。这与其他研究者的研究结果不一致。造成这一结果的原因可能是研究群体或者研究区域不同。

在年级方面，本书与其他研究者有不同的发现。本研究发现，不同年级本科生在心理资本上存在显著差异，其中在整体心理资本、自我效能、希望和乐观构面上存在显著差异，而在韧性构面上存在不显著差异，这与张晓婕和龚慧的发现不一致。造成这一结果的原因可能是研究群体或者研究区域不同。

在专业方面，本书与其他研究者有不同的发现。本书发现，不同专业本科生的心理资本存在显著差异，理工类本科生的整体心理资本及自我效能、韧性、希望和乐观水平均低于体育类本科生的整体心理资本及自我效能、韧性、希望和乐观水平，这与先前的文献结果不一致。造成这一结果的原因可能是研究群体、研究工具或者取样不同。

在家庭居住地方面，本书与其他研究者有相同的发现。本书未发现家庭居住地会使本科生在心理资本上存在差异，这与先前的一些研究发现一致。

在父母受教育水平方面，本书与其他研究者有相同的发现。本书发现父母受教育水平不会使本科生在整体心理资本及自我效能、韧性和希望构面上存在显著差异，但父母受教育水平会使本科生在乐观构面上存在显著性差异。经事后检验发现，父母受教育水平为本科及以上的本科生的乐观水平高于父母受教育水平为中学的本科生的乐观水平。

5.1.1.3　本科生社会支持现状及差异讨论

从第4章可以看出，本科生社会支持的整体分值在2.99～5.86，其中主观支持最高，社会支持利用程度最低，这表明本科生获得整体社会支持水平一般，属于中等偏上的水平，特别需要提升社会支持利用程度水平。

在性别方面，本书与其他研究者有不同的发现。本书发现不同性别本科生在整体社会支持、主观支持和社会支持利用程度上存在显著差异。其中，在主观支持构面上，男生的水平要显著高于女生；而在社会支持利用程度构面上，女生的水平要显著高于男生。在客观支持构面上，未发现显著差异。

在年级方面，本书与其他研究者有不同的发现。本书发现，不同年级本科生在整体社会支持、主观支持、客观支持和社会支持利用程度上均有显著差异。经事后检验发现，大一学生的整体社会支持、主观支持、客观支持和社会支持利用程度，均低于大三学生的整体社会支持、主观支持、客观支持和社会支持利用程度；大一学生的整体社会支持、主观支持和客观支持程度，均低于大二学生的整体社会支持、主观支持和客观支持程度；大二学生的整体社会支持和客观支持生均高于大四学生的整体社会支持和客观支持程度；而大三学生的整体社会支持、主观支持和客观支持程度，均高于大四学生的整体社会支持、主观支持和客观支持程度。这与李思婧的发现不一致。造成这一结果的原因可能是研究群体或者研究区域不同。

在专业方面，本书与其他研究者有不同的发现，本书发现不同专业本科生在社会支持利用程度上不存在显著差异，但在整体社会支持、主观支持、客观支持上却存在显著差异。经事后检验发现，体育类本科生的主观支持高于文科类、理工类、艺术类和其他类本科生的主观支持；体育类本科生的整体社会支持高于理工类和艺术类本科生的整体社会支持；体育类本科生的客观支持高于理工类本科生的客观支持。造成这一结果的原因可能是研究群体、研究工具或者取样不同。

在家庭居住地方面，本书与其他研究者有相同的发现。本书未发现家庭居住地会使本科生在社会支持上存在差异，这与何思学的研究发现相一致。

在父母受教育水平方面，本书与其他研究者有不同的发现。本书发现父母受教育水平不会使本科生的整体社会支持、主观支持和社会支持利用程度存在显著差异，但会使本科生在客观支持上存在显著差异。经事后检验发现，父母受教育水平为中学的本科生获得的客观支持高于父母受教育水平为专科的本科生获得的客观支持。造成这一结果的原因可能是研究群体、研究工具或者取样不同。

5.1.1.4 本科生就业核心竞争力现状及差异讨论

从第4章可以看出，本科生就业核心竞争力的整体分值在3.94～4.33之间，其中心理品质最高，技术力最低，这表明本科生整体就业核心竞争力水平一般，属于中等偏上的水平，尤其需要加强技术力的培养。

在性别方面，本书与其他研究者有不同的发现。本书发现在就业核心竞争力方面，不同性别本科生在整体就业核心竞争力、技术力、实践力、学习力、创新力、适应力、心理品质和职业观上均存在显著差异，而且在这七个构面上，男生的水平都要显著高于女生。

在年级方面，本书与其他研究者有不同的发现。本书发现，不同年级本科生在整体就业核心竞争力及技术力、实践力、学习力、创新力、适应力、心理品质和职业观构面上均有显著差异。经事后检验发现，大一学生的整体就业核心竞争力及技术力、实践力、学习力、创新力、适应力、心理品质和职业观水平均低于大三学生的整体就业核心竞争力及技术力、实践力、学习力、创新力、适应力、心理品质和职业观水平。造成这一结果的原因可能是研究群体或者研究区域不同。

在专业方面，本书与其他研究者有不同的发现。本书发现，不同专业本科生在整体就业核心竞争力及技术力、实践力、学习力、创新力、适应力、心理品质和职业观构面上均有显著差异。经事后检验发现，体育类本科生的整体就业核心竞争力及技术力、实践力、学习力、创新力、适应力、心理品质和职业观水平，均高于理工类本科生的整体就业核心竞争力及技术力、实践力、学习力、创新力、适应力、心理品质和职业观水平。艺术类本科生的技术力和学习力高于理工类本科生的技术力和学习力；体育类本科生的技术力和实践力高于艺术类本科生的技术力和实践力；体育类本科生的心理品质高于文科生的心理品质。造成这一结果的原因可能是研究群体、研究工具或者取样不同。

在家庭居住地和父母受教育水平方面，本研究未发现家庭居住地和父母受教育水平会使本科生在就业核心竞争力方面有差异。

5.1.2 本科生数字素养、心理资本及就业核心竞争力的影响讨论

5.1.2.1 本科生数字素养对就业核心竞争力的影响讨论

本书发现，本科生的数字素养对就业核心竞争力存在正向影响，即

本科生的数字素养越高，其表现出的就业核心竞争力就越强。这一结果与其他研究一致。

班杜拉社会学习理论着眼于观察学习和自我调节在引发人的行为中的作用，重视人的作用和环境的相互作用，认为在社会情境中，人类的大部分行为都可以通过观察别人的示范学会。也就是说，本科生的数字素养会对其行为（就业核心竞争力）产生影响。可见，本研究结果呼应了班杜拉的社会学习理论。

5.1.2.2 本科生数字素养对心理资本的影响讨论

本书发现，本科生的数字素养对心理资本存在正向影响作用，即本科生的数字素养越高，其心理资本水平就越高。这一结果与其他研究一致。

班杜拉社会学习理论中的三元交互决定论将个人因素、环境因素、行为因素视为相互独立、相互作用、相互影响的理论实体，即行为的内在反馈和外界结果会反过来影响个人的思维、信念和情感反应等。也就是说，本科生的数字素养会对其心理资本产生影响。可见，本书的研究结果呼应了班杜拉的社会学习理论。

5.1.2.3 本科生心理资本对就业核心竞争力的影响讨论

本书发现，本科生的心理资本对就业核心竞争力存在正向影响作用，即本科生的心理资本越高，其就业核心竞争力就越强。这一结果与其他研究者一致。

5.1.3 本科生的心理资本在其数字素养对就业核心竞争力的影响中的中介作用

本书经过统计分析发现，本科生的心理资本在其数字素养与就业核心竞争力之间具有部分中介作用。也就是说，本科生的数字素养可以直接影响就业核心竞争力，也可以通过心理资本间接影响就业核心竞争力。

另外，根据班杜拉的社会学习理论，个体对行为或结果形成的不同期待，部分地取决于其认知水平的高低，并通过其具体的心理过程改变自我动机行为。本书发现，本科生的认知水平（数字素养）会通过个体在完成任务中产生的情绪反应或心态反应（心理资本），对后期出现自我动机行为（就业核心竞争力）产生影响。可见，本书的研究结果呼应了班杜拉的社会学习理论。

5.1.4 本科生的社会支持在其数字素养对就业核心竞争力的影响中的调节作用

本书经过统计分析发现，本科生的社会支持在其数字素养与就业核心竞争力之间具有调节作用，且具有高水平社会支持的本科生比低水平社会支持的本科生更具就业核心竞争力。

另外，根据班杜拉的社会学习理论中的交互论，个人的发展离不开社会大背景，同时又受到学校物质环境、教育环境、家庭因素等影响，即三元交互决定理论更看重环境对于学习者的影响。也就是说，社会支持作为外部环境调节了数字素养对就业核心竞争力的影响。可见，本书的研究结果呼应了班杜拉的社会学习理论。

5.2 研究的局限

本书在研究对象、研究范围、研究角度、研究方法方面存在局限，在此分别从研究对象、研究内容及研究方法方面提出建议，以供未来的学术研究参考。

5.2.1 扩大研究对象与研究范围

今后的研究若能将研究范围扩大到其他省份如湖北、江西、山东等区域，扩大研究样本数量以收集更全面的资料信息，并且对更多种类本科院校的学生以及实习前后的本科生进行综合考查，将更具有研究意义。

5.2.2 纳入其他与就业核心竞争力有关的研究变项

建议未来的研究可以进一步考察更多因素，如第二课堂、文化素质教育、家庭教育等因素对就业核心竞争力的影响，以期做出更加综合而全面的评价。

5.2.3 混合其他研究方法

使用质性与量化方法相结合的混合方法，可以澄清细微的差异、交互证实研究。因此，建议未来的研究可结合访谈法和个案研究法以及纵向式调查法等多种方法，详细、系统而又全面地考查本科生就业核心竞争力的状况及其影响因素，通过纵向的量化与质性的探究，弥补本书所采用的横向的调查与量化统计方法的不足。

第 6 章　研究建议

根据前面对研究结果与研究局限的讨论，本章分别对家长、学校、本科生及未来的学术研究提出建议，以期为本科院校今后的教学及心理健康辅导工作提供参考，为本科生的发展指明方向，为未来的相关研究提供借鉴。

6.1　对家长的建议

本书根据对研究结果与研究局限的讨论，对家长主要提出以下建议。

本书发现本科生的社会支持在其数字素养与就业核心竞争力之间具有调节作用，且具有高水平社会支持的本科生比具有低水平社会支持的本科生在就业核心竞争力上更有优势。因此，家长在平时的生活中应加强与孩子的沟通，给予孩子更多的主观支持和客观支持，以此有效提升本科生的就业核心竞争力。

6.2 对学校的建议

本书发现，本科生的数字素养能够影响其心理资本和就业核心竞争力。也就是说，本科生对信息、数据进行识别处理、安全保护，以及利用数字化工具进行沟通协作、内容创建、问题解决的能力，对于其心理资本和就业核心竞争力的发展具有不可忽略的重要作用。因此，学校应该建立良好的人才流通渠道，帮助本科生拥有未来就业所需的数字素养，以促进其成功就业。

6.3 对本科生的建议

本科生在内容创建域中编程能力的均值和在问题解决域中计算思维的均值相对其他素养而言偏低，限制了本科生数字素养的提升。尤其是随着数字人文技术的广泛应用，本科生的编程能力和计算思维在知识学习和应用中的作用日趋凸显。通过编程能力和计算思维的提升，本科生的数字素养能够不断提升，从而可以更深入地进行相关学习和探究。

附录：正式问卷

大学生数字素养对就业核心竞争力影响的调查问卷

亲爱的同学：

您好！非常感谢您参加本次调查。这是一项有关大学生就业核心竞争力学习的调查，您的参与将为提高大学生就业核心竞争力提供科学依据。在填写时，请根据您真实的情况与想法填写。本问卷不记名，您所提供的资料仅供学术研究之用，研究结果不会显示您的个人信息。为保证调查的有效性，请在符合您实际情况的答案上进行选择。谢谢您的配合！

张军芳　敬上

电子邮箱：junfang1107@126.com

个人基本资料：以下是一些关于您的基本情况的问题，请在符合您情况的选项上打“√”。

1. 性别：□男　□女

2. 年级：□大一　□大二　□大三　□大四

3. 专业：□文科类　□理工类　□艺术类　□体育类　□其他

4. 家庭居住地：□乡镇　□县 / 县级市　□地级市　□省会 / 直辖市

5. 您父母的受教育水平：□小学及以下　□中学　□专科　□本科及以上

第一部分：数字素养调查问卷

在数字社会，数字化生存能力至关重要，请您根据自己的实际情况，选择与您相符的选项：①表示完全不符合；②表示比较不符合；③表示不确定；④表示比较符合；⑤表示完全符合。		完全不符合	比较不符合	不确定	比较符合	完全符合
工具和技术域	1. 我能够识别和使用硬件工具和技术的功能和特性。	①	②	③	④	⑤
	2. 我了解和理解操作软件工具和技术所需的数据、信息和数字内容。	①	②	③	④	⑤
信息域	3. 我能够了解信息检索的基础知识和方法，能够准确获取所需信息。	①	②	③	④	⑤
	4. 我能够对信息的可信度、可靠性以及价值做出判断。	①	②	③	④	⑤
交流域	5. 我能够在数字环境中科学整合、处理、存储信息。	①	②	③	④	⑤
	6. 我能够通过适当的数字技术与他人互动、沟通与协作。	①	②	③	④	⑤
	7. 我能够使用数字工具和技术进行协作，能够进行资源和知识的共同构建和共同创造。	①	②	③	④	⑤
	8. 我在使用数字技术或在数字环境中互动时，了解行为规范和准则。	①	②	③	④	⑤
	9. 我能够遵循规范去创建、使用和管理个人的数字账号和密码，维护个人数字身份和数字声誉。	①	②	③	④	⑤
内容创建域	10. 我能够使用数字工具创建和编辑不同的数字内容，以表达我的想法。	①	②	③	④	⑤
	11. 我能够遵循数字版权并合法负责地传播信息，了解版权和许可证如何适用于数据、信息和数字内容。	①	②	③	④	⑤
	12. 我能够编写程序以解决问题或完成任务。	①	②	③	④	⑤
安全域	13. 我能够保护软硬件和网络安全。	①	②	③	④	⑤

（续表）

在数字社会，数字化生存能力至关重要，请您根据自己的实际情况，选择与您相符的选项：①表示完全不符合；②表示比较不符合；③表示不确定；④表示比较符合；⑤表示完全符合。		完全不符合	比较不符合	不确定	比较符合	完全符合
安全域	14. 我能够明确数据管理义务与权利范围，保护数据不被盗用、删除和篡改。	①	②	③	④	⑤
	15. 我能够防止信息与数据利用过程中的个人隐私信息与数据的泄露和过度利用，保护数字环境中的个人隐私。	①	②	③	④	⑤
	16. 我在使用数字技术的同时，能够防止技术对身体和心理造成的健康风险，防止技术对环境造成的风险。	①	②	③	④	⑤
	17. 我在使用数字技术的同时，能够避免学术剽窃，保持学术诚信。	①	②	③	④	⑤
问题解决域	18. 我能够识别操作设备和使用数字环境时的技术问题，并解决这些问题。	①	②	③	④	⑤
	19. 我能够评估需求，识别、评估、选择和使用数字工具以及解决这些需求的可能技术对策。	①	②	③	④	⑤
	20. 我能够利用数字工具和技术创造知识与数字内容，创新学习和生活方式。	①	②	③	④	⑤
	21. 我了解自己的数字化能力需要提高或更新的地方，能够寻求自我发展的机会，跟上数字时代发展的步伐。	①	②	③	④	⑤
	22. 我能够把一个可计算的问题处理成连续的逻辑步骤，作为人类和计算机系统的解决方案。	①	②	③	④	⑤

第二部分：心理资本调查问卷

心理资本是指个体在成长和发展过程中表现出来的一种积极心理状态，开展心理资本研究对于提升个人竞争优势具有重要的价值和意义，请您根据自己的实际情况，选择与您相符的选项：①表示完全不符合；②表示比较不符合；③表示不确定；④表示比较符合；⑤表示完全符合。		完全不符合	比较不符合	不确定	比较符合	完全符合
自我效能	1. 很多人欣赏我的才干。	①	②	③	④	⑤
	2. 我的见解和能力超过一般人。	①	②	③	④	⑤

（续表）

心理资本是指个体在成长和发展过程中表现出来的一种积极心理状态，开展心理资本研究对于提升个人竞争优势具有重要的价值和意义，请您根据自己的实际情况，选择与您相符的选项：①表示完全不符合；②表示比较不符合；③表示不确定；④表示比较符合；⑤表示完全符合。		完全不符合	比较不符合	不确定	比较符合	完全符合
自我效能	3. 我对自己的能力很有信心。	①	②	③	④	⑤
	4. 我总是能出色地完成任务。	①	②	③	④	⑤
	5. 面对困难时，我会很冷静地寻求解决的方法。	①	②	③	④	⑤
	6. 我乐于承担困难和有挑战性的工作。	①	②	③	④	⑤
	7. 身处逆境时，我会积极尝试不同的策略。	①	②	③	④	⑤
韧性	8. 我不爱生气。	①	②	③	④	⑤
	9. 遇到挫折时，我能很快地恢复过来。	①	②	③	④	⑤
	10. 生活中的不愉快，我很少在意。	①	②	③	④	⑤
	11. 糟糕的经历会让我郁闷很久。	①	②	③	④	⑤
	12. 我觉得自己活得很累。	①	②	③	④	⑤
	13. 不顺心的时候，我容易垂头丧气。	①	②	③	④	⑤
	14. 压力大的时候，我会吃不好、睡不香。	①	②	③	④	⑤
希望	15. 我积极地学习和工作，以实现自己的理想。	①	②	③	④	⑤
	16. 我正在为实现自己的目标而努力。	①	②	③	④	⑤
	17. 我充满信心地追求自己的目标。	①	②	③	④	⑤
	18. 对自己的学习和生活，我有一定的规划。	①	②	③	④	⑤
	19. 我很清楚自己想要什么样的生活。	①	②	③	④	⑤
	20. 我也不知道自己的生活目标是什么。	①	②	③	④	⑤
乐观	21. 在情况不确定时，我总是预测会有很好的结果。	①	②	③	④	⑤
	22. 我总是看到事物好的一面。	①	②	③	④	⑤
	23. 我觉得在社会上好人还是占绝大多数。	①	②	③	④	⑤
	24. 大多数时候我都是意气风发的。	①	②	③	④	⑤
	25. 我觉得生活是美好的。	①	②	③	④	⑤
	26. 我觉得前途充满希望。	①	②	③	④	⑤

第三部分：社会支持评定量表（肖水源）

社会支持是个体获得的来自外界且能够被有效利用的给予和帮助。社会支持由主观支持、客观支持和对社会支持的利用程度构成。开展社会支持研究对于提升个人竞争优势具有重要的价值和意义，请您根据自己的实际情况，选择与您相符的选项。					
主观支持	1. 你是否有关系密切且可以得到支持和帮助的朋友？	①一个也没有	②少数几个	③有一些	④许多
客观支持	2. 你与同宿舍的人关系如何？（只选一项）	①相互之间从不关心	②遇到困难可能稍微关心	③有些同宿舍的人很关心你	④大多数同宿舍的人都很关心你
主观支持	3. 你与同学的关系如何？（只选一项）	①相互之间从不关心，只是点头之交	②遇到困难可能稍微关心	③有些同学很关心你	④大多数同学都很关心你
主观支持	4. 你从家庭成员中得到的支持和照顾如何？	①无	②极少	③一般	④极力支持
主观支持	5. 在你遇到急难情况时，你得到的经济支持和解决实际问题的帮助来源有哪些？	①无任何来源	②有下列来源（可多选）： A. 恋人　B. 父母等家人　C. 朋友　D. 亲戚　E. 同学　F. 老师　G. 官方或半官方组织（如党团组织）　H. 非官方组织（如社团、宗教组织）　I. 其他		
客观支持	6. 在你遇到急难情况时，你得到的安慰和关心的来源有哪些？	①无任何来源	②有下列来源（可多选）： A. 恋人　B. 父母等家人　C. 朋友　D. 亲戚　E. 同学　F. 老师　G. 官方或半官方组织（如党团组织）　H. 非官方组织（如社团、宗教组织）　I. 其他		
客观支持	7. 你产生烦恼时的倾诉方式是什么？（只选一项）	①从不向任何人倾诉	②只向关系极密切的一个人诉说	③如果朋友主动询问会说出来	④主动诉说自己的烦恼，以获得支持和理解
社会支持利用程度	8. 你遇到困难时的求助方式是什么？（只选一项）	①只靠自己，不接受别人帮助	②很少请求别人帮助	③有时请求别人帮助	④有困难时经常向家人、亲友、组织求援

（续表）

社会支持是个体获得的来自外界且能够被有效利用的给予和帮助。社会支持由主观支持、客观支持和对社会支持的利用程度构成。开展社会支持研究对于提升个人竞争优势具有重要的价值和意义，请您根据自己的实际情况，选择与您相符的选项。					
社会支持利用程度	9. 对于团体（如党团组织、宗教组织、学生会、班集体、院校等）组织活动，你会怎么做？（只选一项）	①从不参加	②偶尔参加	③经常参加	④主动参加并积极活动

第四部分：就业核心竞争力量表

请您根据您的实际情况，实事求是地评价您具备的就业核心竞争力，并选择与您相符的选项：①表示很差；②表示较差；③表示一般；④表示较好；⑤表示很好。		很差	较差	一般	较好	很好
技术力	1. 在本专业学习的过程中掌握的专业技能。	①	②	③	④	⑤
	2. 获得所学专业内外各类不同于他人的技能证。	①	②	③	④	⑤
	3. 在学习过程中获得的知识结构合理且多元化，有宽阔的知识面。	①	②	③	④	⑤
实践力	4. 在校期间有在学生会、社团或学生干部的工作经历，参加过一些社会实践活动。	①	②	③	④	⑤
	5. 在掌握一定理论知识的同时，能够较好地将理论应用到实践中。	①	②	③	④	⑤
	6. 在学校开设的一些科学实验类或实践拓展类课程上有较优秀的表现。	①	②	③	④	⑤
学习力	7. 有较强的自学能力。	①	②	③	④	⑤
	8. 能够较快地理解和接受新知识或新技能。	①	②	③	④	⑤
创新力	9. 有较强的逻辑思维能力。对事物进行观察、比较、分析、综合、判断的能力较强。	①	②	③	④	⑤
	10. 有较强的想象力。如在已有形象的基础上，在头脑中创造出新形象的能力。	①	②	③	④	⑤
	11. 拥有比较敏锐的直觉和灵感。	①	②	③	④	⑤
	12. 具有较为开放和活跃的思维。	①	②	③	④	⑤

（续表）

请您根据您的实际情况，实事求是地评价您具备的就业核心竞争力，并选择与您相符的选项：①表示很差；②表示较差；③表示一般；④表示较好；⑤表示很好。		很差	较差	一般	较好	很好
适应力	13. 与同学和教师之间有融洽的关系，能够较好地适应学校的生活。	①	②	③	④	⑤
	14. 有较好的沟通交际能力，有较强的生存能力。	①	②	③	④	⑤
心理品质	15. 有良好的品德修养。	①	②	③	④	⑤
	16. 有健康的心理品质。	①	②	③	④	⑤
	17. 有良好的职业道德。	①	②	③	④	⑤
	18. 有合理的价值取向。	①	②	③	④	⑤
	19. 有乐观豁达的人生态度。	①	②	③	④	⑤
	20. 有积极向上的敬业精神。	①	②	③	④	⑤
职业观	21. 具有明确的职业发展目标。	①	②	③	④	⑤
	22. 具有良好的就业价值观。	①	②	③	④	⑤
	23. 对职业有一定的认识，对相关行业有一定的定位和认知。	①	②	③	④	⑤
	24. 有从事相关工作的愿望和兴趣。	①	②	③	④	⑤

亲爱的同学！问卷到此结束，请您再检查一遍问卷是否有填漏。十分感谢您对本研究所做的贡献！

参考文献

[1] Bond M, Marin V I, Dolch C, et al. Digital Transformation in German Higher Education: Student and Teacher Perceptions and Usage of Digital Media[J]. *International Journal of Educational Technology in Higher Education*, 2018, 15(1):48.

[2] Guillen-Gamez F D, Mayorga-Fernandez M J, Álvarez-Garcia F J. A Study on the Actual Use of Digital Competence in the Practicum of Education Degree[J]. *Technology, Knowledge and Learning*, 2018, 25(2):1-18.

[3] Martin A, Madigan D. *Digital Literacies for Learning*[M]. London: Facet Publishing, 2006.

[4] Ferrari A. *Digital Competence in Practice: An Analysis of Frameworks*[M]. Luxembourg: Publications Office of the European Union, 2012.

[5] Meyers E M, Erickson I, Small R V. Digital Literacy and Informal Learning Environments: An Introduction[J]. *Learning, Media and Technology*, 2013, 38(4): 355-367.

[6] Hung M L, Chou C, Chen C H. Learner Readiness for Online Learning: Scale Development and Student Perceptions[J]. *Computers & Education*, 2010, 55(3): 1080-1090.

[7] Alhassan R. Mobile Learning as a Method of Ubiquitous Learning: Students' Attitudes, Readiness, and Possible Barriers to Implementation in Higher Education[J]. *Journal of Education and Learning*, 2016, 5(1): 176.

[8] He T, Zhu C, Questier F. Predicting Digital Informal Learning: An Empirical Study Among Chinese University Students[J]. *Asia Pacific Education Review*, 2018, 19(1): 79-90.

[9] 凌征强．我国大学生数字素养现状、问题与教育路径[J].情报理论实践，2020，43

（07）：43-47，53.
[10]林萍，吴贵明. 心理资本培育：大学生就业能力提升的应有之题[J]. 福建论坛（人文社会科学版），2011（12）：215-218.
[11]张互桂. 提升大学生就业力：高校人才培养的核心要义[J]. 湖南社会科学，2010（03）：173-175.
[12]从怡. 以职业能力重构化解结构性就业矛盾[J]. 郑州铁路职业技术学院学报，2022，34（04）：77-79，83.
[13]韩成曦. 大学生就业核心竞争力的结构模型构建研究[D]. 大连：大连理工大学，2014.
[14]江雪儿. 产教融合背景下高职学生就业竞争力提升的策略研究[D]. 广州：广东技术师范大学，2022.
[15]肖友平. 大学生核心竞争力与大学生职业发展关系探析[J]. 中国大学生就业，2019（13）：50-54.
[16]徐吉贵. 新常态背景下提高大学生就业核心竞争力研究[J]. 黑龙江教育学院学报，2016，35（05）：7-9.
[17]于沂仟. 提升高校大学生就业核心竞争力的对策研究[D]. 济南：山东大学，2016.
[18]储子焱. 数字经济发展对我国就业结构影响研究[D]. 蚌埠：安徽财经大学，2022.
[19]盛思远. 大学生数字素养评价指标构建及应用研究[D]. 大连：大连外国语大学，2022.
[20]陈钦安. 新媒体联盟《2017数字素养影响研究报告》解读及启示[J]. 图书与情报，2018（04）：111-116.
[21]武利红. 面向就业的数字素养教育——《2017年数字素养影响研究：NMC地平线项目战略简报》研究[J]. 图书馆建设，2019（05）：159-166.
[22]赵楚鑫. 黑龙江省理工科学生数字素养调查研究[D]. 哈尔滨：黑龙江大学，2020.
[23]厉婧. 数字素养对市场营销专业大学生就业核心竞争力影响效应研究——基于专业兴趣的中介作用[J]. 嘉兴学院学报，2021，33（04）：130-136.
[24] 张笑梅. 联通主义视域下高校大学生数字素养培养模型构建及实践研究[D]. 石家庄：河北师范大学，2021.
[25]朱奕潼，杨强. 本科生数字素养与创业胜任力的关系：创业学习的中介作用和领

悟社会支持的调节作用[J]. 中国健康心理学杂志，2023，31（06）：919-925.
[26]王勋，赵立，何琪蕾. 网络文化视角下的大学生心理资本研究[J]. 重庆邮电大学学报（社会科学版），2016，28（06）：94-97.
[27]张晓婕. 大学生心理资本与就业竞争力相关性研究[D]. 青岛：中国石油大学（华东），2015.
[28]董亮亮. 心理资本对生涯适应力和自我感知可雇佣性的影响[D]. 郑州：河南大学，2021.
[29]李杨. 大学生心理资本的调查研究[D]. 兰州：兰州交通大学，2020.
[30]刘带，陈龙. 心理资本视阈下大学生创业胜任力的提升策略[J]. 韶关学院学报，2022，43（02）：53-57.
[31]赵璇，戴婉瑜，杜红居. 重视家庭教育因素 提升就业创业核心竞争力[J]. 现代商贸工业，2022，43（22）：243-245.
[32]赵彤. 大学生家庭教养方式对职业价值观影响及相关模型分析[D]. 石家庄：河北师范大学，2021.
[33]Law N, Woo D, Wong G. A Global Framework of Reference on Digital Literacy Skills for Indicator 4.4.2[R]. Montreal: *UNESCO Institute for Statistics*, 2018.
[34]Luthans F, Youssef C M, Avolio B J. *Psychological Capital: Developing the Human Copetitive Edge*[M]. Oxford: Oxford University Press, 2007.
[35]肖水源.《社会支持评定量表》的理论基础与研究应用[J].临床精神医学杂志，1994（02）：98-100.
[36]Bandura A. Self-efficacy: Toward a Unifying Theory of Behavioral Change[J]. *Psychological Review*, 1977, 84(2), 191-192.
[37]Bandura A. Social Foundations of Thought and Action[J]. *Journal of Applied Psychology*, 1986, 12(1):169.
[38]施炜. 大学生就业核心竞争力的内涵与结构分析[J]. 江苏高教，2010（02）：102-103.
[39]郭志林，王宁，姜素华. 供给侧改革背景下大学生就业核心竞争力结构模型的构建[J]. 中国大学生就业，2019（15）：50-54.
[40]蔡雨玲，唐瑜梳，杨溢，等. 大学生就业核心竞争力结构模型及评价指标体系的

构建[J]. 现代商贸工业，2021，42（28）：68-69.

[41]唐琳. 服务机器人拟人化对消费者使用意愿的影响研究[D]. 成都：西南财经大学，2022.

[42]Fiske S T, Cuddy A J C, Glick P. Universal Dimensions of Social Cognition: Warmth and Competence[J].*Trends in Cognitive Sciences*, 2007,11(2):77-83.

[43]Chiang H S, Hsiao K L. YouTube Stickiness: The Needs, Personal, and Environmental Perspective[J]. *Internet Research*, 2015,25(1):85-106.

[44]Ratten V. Continuance Use Intention of Cloud Computing: Innovativeness and Creativity Perspectives[J]. *Journal of Business Research*, 2016,69(5):1737–1740.

[45]Henley A, Contreras F, Espinosa J C, et al. Entrepreneurial Intentions of Colombian Business Students: Planned Behaviour, Leadership Skills and Social Capital[J]. *International Journal of Entrepreneurial Behavior & Research*, 2017(6):1017-1032.

[46]刘子榆，杨宇. 线上教学学生学习“在场感”的缺失与重获——基于班杜拉社会学习理论[J]. 湖北成人教育学院学报，2021，27（03）：60-63.

[47]刘俊青，付永虎，宗婷，等. 班杜拉社会学习理论视角下大学生学习动力缺失因素及提升路径研究[J]. 江苏科技信息，2019，36（28）：49-52.

[48]任朝霞，陈萍. 班杜拉社会学习理论及其在教育中的应用[J]. 山东省农业管理干部学院学报，2004（05）：138-140.

[49]高申春. 人性辉煌之路：班杜拉的社会学习理论[M]. 武汉：湖北教育出版社，2000.

[50]徐松美. 社会学习理论视域下的大学生就业教育探析[J]. 中国青年政治学院学报，2014，33（03）：56-59.

[51]龚慧. 大学生心理资本影响因素与培养策略研究[D]. 西安：西安电子科技大学，2018.

[52]Bandura A. Social Cognitive Theory: An Agentic Perspective[J]. *Asian Journal of Social Psychology*, 1999, 2(1):1.

[53]刘俊青，付永虎，宗婷，等. 班杜拉社会学习理论视角下大学生学习动力缺失因素及提升路径研究[J]. 江苏科技信息，2019，36（28）：49-52.

[54]肖俊洪. 数字素养[J]. 中国远程教育，2006（05）：32-33.

[55]Bawden D. Progress in Documentation Information and Digital Literacies: A Review of Concepts[J].*Journal of Documentation*, 2001,57(2):218-259.

[56]Ng W. Can We Teach Digital Natives Digital Literacy?[J].*Computers & Education*, 2012,59(3):1065-1078.

[57]王佑镁，杨晓兰，胡玮，等．从数字素养到数字能力：概念流变、构成要素与整合模型[J]．远程教育杂志，2013，31（03）：24-29.

[58]程萌萌，夏文菁，王嘉舟，等．《全球媒体和信息素养评估框架》（UNESCO）解读及其启示[J]．远程教育杂志，2015，33（01）：21-29.

[59]施歌．中小学生数字素养的内涵构成与培养途径[J]．课程·教材·教法，2016，36（07）：69-75.

[60]李德刚．数字素养：新数字鸿沟背景下的媒介素养教育新走向[J]．思想理论教育，2012（18）：9-13.

[61]耿荣娜．信息化时代大学生数字素养教育的关键影响因素研究[J]．情报科学，2020，38（09）：42-48.

[62]马克·布朗，肖俊洪．数字素养的挑战：从有限的技能到批判性思维方式的跨越[J]．中国远程教育，2018（04）：42-53，79-80.

[63]高山．《高等教育中的数字素养Ⅱ：新媒体联盟地平线项目战略简报》研究[J]．图书设，2018（07）：42-47，53.

[64]Eshet-Alkalaiy. Digital Literacy: A Conceptual FrameWork for Survival Skills in the Digital Era[J].*Journal of Educational Multimedia and Hypermedia*, 2004,13(1), 93-106.

[65]任友群，随晓筱，刘新阳．欧盟数字素养框架研究[J]．现代远程教育研究，2014（05）：3-12.

[66]新媒体联盟．新媒体联盟地平线报告（2015高等教育版）[J]．北京广播电视大学学报，2015（0z1）：3-52.

[67]郭一弓．欧盟数字素养框架Dig Comp 2.1：分析与启示[J]．数字教育，2017，3（05）：10-14.

[68]杨文建．英美数字素养教育研究[J]．图书馆建设，2018（03）：87-95.

[69]吕建强，许艳丽．数字素养全球框架研究及其启示[J]．图书馆建设，2020（02）：119-125.

[70]刘禄．本科生数字素养与科研创新能力关系的实证研究[D]．南京：东南大学，2017.
[71]王媛．黑龙江省大学生数字素养调查报告[D]．哈尔滨：黑龙江大学，2017.
[72]刘倩．“双一流”建设高校本科生数字素养状况及其影响因素[D]．上海：华东师范大学，2019.
[73]杨家琨．湖北地区“双一流”高校学生数字素养与学术能力的关系研究[D]．天津：天津工业大学，2020.
[74]郭星．师范生数字素养特征、影响因素及培养策略研究[D]．成都：四川师范大学，2021.
[75]肖丹．师范生数字素养现状调查研究[D]．昆明：云南师范大学，2021.
[76]平越．数字环境下大学生数字素养提升策略研究[D]．上海：上海外国语大学，2018.
[77]唐婷．高职学生数字素养评价模型构建与应用研究[D]．广州：广东技术师范大学，2021.
[78]Goldsmith A H, Veum J R, Darity W J. The Impact of Psychological and Human Capital on Wages[J].*Economic Inquiry*, 2010:35.
[79]Seligman M. E. *Authentic Happiness: Using the New Positive Psychology to Realize Your Potential for Lasting Fulfillment*[M]. New York: The Free Press, 2002.
[80]Hosen,Ron. Education and Capital Development: Capital as Durable Personal, Social, Economic and Political Influences on the Happiness of Individuals.[J].*Education*, 2003,123(3):496.
[81]Luthans F, Avolio B J, Walumbwa F O, et al. The Psychological Capital of Chinese Workers: Exploring the Relationship with Performance[J].*Management and Organization Review*, 2005(2): 249-271.
[82]赵富强，陈耘，胡伟．中国情境下WFB-HRP对工作绩效的影响研究—家庭—工作促进与心理资本的作用[J]．南开管理评论，2019，22（06）：165-175.
[83]Larson M, Luthans F. Potential Added Value of Psychological Capital in Predicting Work Attitudes[J]. *Journal of Leadership&Organizational Studies*, 2004(2):75-92.
[84]熊俊梅，海曼，黄飞，等．家庭累积风险与青少年心理健康的关系——心理资本的补偿效应和调节效应[J]．心理发展与教育，2020，36（01）：94-102.
[85]花慧，宋国萍，李力．大学生心理资本在心理压力与学业绩效关系中的中介作用

[J]. 中国心理卫生杂志，2016，30（04）：306-310.

[86] Smedema S M, Chan F, Yaghmaian R A, et al. The Relationship of Core Self-Evaluations and Life Satisfaction in College Students with Disabilities: Evaluation of a Mediator Model[J]. *Journal of Postsecondary Education & Disability*, 2015:28.

[87] Judge T A, Bono J E.Relationship of Core Self-evaluations Traits-self-esteem, Generalized Self-efficacy, Locus of Control, and Emotional Stability-with Job Satisfaction and Job Performance: A Meta-analysis.[J]. *Journal of Applied Psychology*, 2001,86(1):80-92.

[88] Jensen S M. Entrepreneurs as Leaders: Impact of Psychological Capital and Perceptions of Authenticity on Venture Performance[J]. *Journal of Leadership & Organizational Studies*, 2003(8):48-54.

[89] 张阔，张赛，董颖红. 积极心理资本：测量及其与心理健康的关系[J]. 心理与行为研究，2010，8（01）：58-64.

[90] 田喜洲. 我国企业员工心理资本结构研究[J]. 中国地质大学学报（社会科学版），2009，9（01）：96-99.

[91] 肖雯，李林英. 大学生心理资本问卷的初步编制[J]. 中国临床心理学杂志，2010，18（06）：691-694.

[92] 陈丹. 大学生心理资本和学业成就关系分析[J]. 滇西科技师范学院学报，2015，24（03）：66-71.

[93] 曹鸣岐. 论人力资源管理视野中的心理资本[J]. 职业时空，2006（24）：5-6.

[94] 周利霞. 大学生心理资本问卷编制及其相关因素研究[D]. 上海：上海师范大学，2012.

[95] 张宝芳. 大学生心理资本、创新行为与学业成就关系的实证研究[D]. 曲阜：曲阜师范大学，2019.

[96] 王凯丽. 大学生心理资本、职业决策自我效能感与职业生涯规划的关系研究[D]. 聊城：聊城大学，2019.

[97] 李宇航. 大学生积极心理资本、锻炼态度与行为和手机依赖的关系[D]. 西安：陕西师范大学，2019.

[98] 王聪. 大学生心理资本对就业绩效的影响研究[D]. 太原：山西财经大学，2019.

[99]岳星. 大学生心理资本与学业成就关系研究[D]. 太原：山西财经大学，2020.
[100]陈美君. 大学生心理资本对其社会服务能力的影响及对策研究[D]. 桂林：广西师范大学，2020.
[101]钟晓媚. 网络社会支持与网络利他行为的关系：网络人际信任和心理资本的中介作用[D]. 桂林：广西师范大学，2020.
[102]李超，李贞，申贝贝，等. 大学生心理资本、社会支持与就业能力的关系研究——以某医学院为例[J]. 黑龙江科学，2022，13（19）：10-13.
[103]侯佳林. 硕士研究生职业生涯规划能力的影响因素研究——以J大学为例[D]. 吉林：吉林大学，2022.
[104]潘清泉，周宗奎. 贫困大学生心理资本、应对方式与心理健康的关系[J]. 中国健康心理学杂志，2009，17（07）：844-846.
[105]李林英，肖雯. 大学生心理资本的调查研究[J]. 北京理工大学学报（社会科学版），2011，13（01）：148-152.
[106]杨康妮. 大学生心理资本、学业支持感知与学业倦怠关系研究[D]. 北京：北京林业大学，2013.
[107]朱晓航，伍亚男，马林. 大学生心理资本调查——以安徽省某高校为例[J]. 安徽理工大学学报（社会科学版），2019，21（03）：94-101.
[108]史灵. MBTI人格、心理资本对大学生成长的影响机制研究[D]. 天津：天津大学，2014.
[109]张四龙，李建奇，刘益颖. 大学生心理资本对学业成就的影响：主观幸福感的中介作用[J]. 当代教育理论与实践，2022，14（02）：55-63.
[110]王雁飞，朱瑜. 心理资本理论与相关研究进展[J]. 外国经济与管理，2007（05）：32-39.
[111]程虹娟，张春和，龚永辉. 大学生社会支持的研究综述[J]. 成都理工大学学报（社会科学版），2004（01）：88-91.
[112]杨玮奇. 大学生社会支持、孤独感与手机依赖的关系研究[D]. 长春：东北师范大学，2015.
[113]Cohe S, Wills. Stress, Social Support, and the Buffering Hypothesis[J]. *Psychological*, 1985，98(2): 310-357.

[114]Wellman B, Wortley. Brothers' Keepers: Situating Kinship Relations in Broader Networks of Social Support[J]. *Sociological Perspectives*, 1989:32.

[115]Cobb S. Social Support as a Moderator of Life Stress[J]. *Psychosomatic Medicine*, 1976, 38(5):300-314.

[116]Kahn R L. Social Support: Contents, Causes, and Consequences[J]. *Springer Publishing*, 1994: 163-184.

[117]肖水源，杨德森．社会支持对身心健康的影响[J]．中国心理卫生杂志，1987（04）：183-187.

[118]李强．社会支持与个体心理健康[J]．天津社会科学，1998（01）：66-69.

[119]陈成文，潘泽泉．论社会支持的社会学意义[J]．湖南师范大学社会科学学报，2000（06）：25-31.

[120]张萌．社会支持对大学生社会创业意向的影响研究[D]．北京：北京邮电大学，2021.

[121]何思学．大学生压力、社交焦虑、社会支持与手机成瘾的关系：一个有调节的中介模型[D]．广州：广州大学，2019.

[122]Munroe S, Steiner S. Social Support and Psychopathology: Interrelations with Preexisting Disorder, Stress and Personality[J]. *Journal of Abnormal Psychology*, 1986, 95(1): 29-39.

[123]高晓倩，钟旻瑛，高歌．大学生社会支持与就业焦虑的关系：自我效能感的中介作用[J]．中国健康心理学杂志，2020，28（11）：1675-1678.

[124]李思婧．大学生社会支持、应对方式、自我效能感与就业焦虑的关系研究[D]．桂林：广西师范大学，2021.

[125]李成硕．高校大学生学习动机、社会支持和学习倦怠的关系研究[D]．长春：吉林大学，2022.

[126]李黎．大学生社会支持状况与挫折应对的特点[J]．中国临床康复，2005（44）：52-53.

[127]陈振圻．大学生社会支持与主观幸福感的关系[D]．上海：华东师范大学，2020.

[128]吴喆．大学生社会支持、心理弹性与手机依赖的关系研究[D]．曲阜：曲阜师范大学，2018.

[129]孙晓曼．动机差异视角下大学生在线学习社会支持与学习倦怠关系研究[D]．吉林：东北师范大学，2022.

[130]沈建丹．高校学生领悟社会支持与幸福感的关系研究[D]．苏州：苏州大学，2012.

[131]王佳慧．大学生心理资本、领悟社会支持和创业意向的关系研究[D]．哈尔滨：哈尔滨师范大学，2016.

[132]张庆义．领悟社会支持、体育锻炼行为与青少年乐商的关系研究[D]．曲阜：曲阜师范大学，2021.

[133]Prahalad C K, Hamel G. Strategy as a Field of Study: Why Search for a New Paradigm?[J]. *Strategic Management Journal*, 1994,15(S2):5-16.

[134]张小刚．论大学生的核心竞争力[J]．湘潭师范学院学报（社会科学版），2005（03）：137-138.

[135]刘珺．天津体育学院2009—2016届小球项目硕士生就业核心竞争力的分析研究[D]．天津：天津体育学院，2018.

[136]王雪飞，陈巍，蒋伟．人文素养教育对工科大学生就业核心竞争力提升研究[J]．江苏高教，2020（07）：107-111.

[137]杨萍．“实践育人”视域下提升大学生就业核心竞争力方法探索[J]．湖北开放职业学院学报，2022，35（04）：57-58.

[138]汪恭敬，张乐勤．应用型本科院校学生就业核心竞争力影响因素研究[J]．池州学院学报，2021，35（03）：155-157.

[139]吴炜．基于人才特色的大学生就业核心竞争力培养策略[J]．教育与职业，2013（24）：83-85.

[140]陈忠平，王朝霞，杜品．提升大学生就业核心竞争力的几点思考[J]．中国成人教育，2012（05）：54-55.

[141]胡芸．基于核心竞争力视角的大学生就业力的培育[J]．继续教育研究，2012（03）：121-122.

[142]冯玲，李博伟．新常态下高校就业管理工作创新的策略与方法[J]．高等财经教育研究，2015，18（03）：23-28，32.

[143]李敏．大学生就业竞争力的内涵及其培养[J]．煤炭高等教育，2006（01）：101-103.

[144]龙思珍．电子信息类学生就业核心竞争力现状及对策研究——以广西高职院校为例[D]．桂林：广西师范大学，2018.

[145]曾剑雄．第二课堂对培养大学生核心竞争力的影响研究[D]．大连：大连理工大学，2018.

[146]陈萍萍．高校第二课堂现状及对策研究[D]．昆明：云南大学，2020.

[147]Scuotto V, Morellato M. Entrepreneurial Knowledge and Digital Competence: Keys for a Success of Student Entrepreneurship[J]. *Journal of the Knowledge Economy*, 2013, 4(3): 293-303.

[148]王自芳．社交媒体使用与安全行为的关系[D]．济南：山东师范大学，2020.

[149]陈莹，雷祺，高明杰．社交媒体使用对大学生主观幸福感的影响——本土心理资本的视角[J]．现代教育科学，2021（05）：120-127.

[150]单宇，许晖，周连喜，等．数智赋能：危机情境下组织韧性如何形成？——基于林清轩转危为机的探索性案例研究[J]．管理世界，2021，37（03）：84-104，7.

[151]黄绍升，闫春．平台数字赋能对创业绩效的影响研究——创业者心理资本与创业政策导向的作用[J]．现代管理科学，2022（05）：90-97.

[152]鲁银梭．心理资本与大学生就业能力的关系研究——以浙江某高校大学生为例[J]．人力资源管理，2013（08）：161-163.

[153]李琼．大学生心理资本、压力与创造力的关系研究[D]．杭州：浙江理工大学，2014.

[154]彭丹蕾，陈诗建，何宇雁，等．大学生积极心理资本与就业能力关系及其干预研究[J]．广东职业技术教育与研究，2021（04）：120-123.

[155]李姝慧，郭玉凤．心理资本视域下大学生职业生涯规划能力提升研究[J]．中国大学生就业，2022（19）：57-64.

[156]李攀．歧视知觉对青少年攻击行为的影响：负性情绪的中介作用及社会支持的调节作用[D]．成都：四川师范大学，2022.

[157]任娟．青少年网络成瘾与睡眠质量：抑郁的中介作用与社会支持的调节作用[D]．合肥：安徽医科大学，2022.

[158]周文博．中职生歧视知觉对学校适应的影响：自我效能感的中介和社会支持的

调节[D]. 牡丹江：牡丹江师范学院，2022.
[159]唐紫薇. 大学生孤独感与问题性社交网络使用的关系[D]. 长春：吉林大学，2022.
[160]王光强，吴弘燕，曾国权. 大学生专业认同与抑郁的关系：有调节的中介模型[J]. 中国健康心理学杂志，2023，31（04）：592-598.
[161]何安明，姚予丹. 大学生社会支持、心理资本与可就业能力的关系[J]. 信阳师范学院学报（哲学社会科学版），2018，38（04）：27-30，36.
[162]庞娜，王文华，欧阳江萍. 地方本科院校全面提高人才培养能力对策研究——基于5所综合类院校本科教学质量报告的分析[J]. 教书育人（高教论坛），2022（36）：76-79.
[163]教育部. 教育部关于加快建设高水平本科教育全面提高人才培养能力的意见[J]. 中华人民共和国国务院公报，2019（3）：34-41.
[164]李华中，段亚敏，杜鹃，等. 河北省产业结构—就业结构—高等教育耦合协调度研究[J]. 邢台职业技术学院学报，2022，39（02）：75-84.
[165]和丽芬，郝子轩，王巧义. 产教融合视域下应用型本科人才培养路径构建——基于河北省高校调研数据[J]. 新经济，2022（03）：69-71.
[166]孙亚玲，罗黎辉. 教育研究的抽样问题——有目的抽样[J]. 云南师范大学学报（哲学社会科学版），2002（03）：127-129.
[167]林生传. 教育研究法：全方位的统整与分析[M]. 新北：心理出版社，2003.
[168]陈正昌，程炳林，陈新丰，等. 多变量分析方法：统计软件应用（第五版）[M]. 台北：五南图书出版公司，2009.
[169]吴明隆. 问卷统计分析实务：SPSS操作与应用[M]. 重庆：重庆大学出版社，2010.
[170]吴明隆. 问卷统计分析实务——SPSS操作与应用[M]. 重庆：重庆大学出版社，2010.
[171]Kaiser H F. An Index of Factorial Simplicity[J]. *Psychometrika*, 1974, 39(1):31-36.
[172]吴明隆. 问卷统计分析实务：AMOS操作与应用[M]. 重庆：重庆大学出版社，2010.
[173]Nunnally J. *Psychometric Methods*[M]. New York: McGraw-Hill, 1978.
[174]Kline. *Principles and Practice of Structural Equation Modeling*[M]. New York: Guilford Press, 1998.

[175]黄芳铭．结构方程模式理论与应用[M]．北京：中国税务出版社，2005.

[176]邱皓政．量化研究与统计分析：SPSS（PASW）数据分析范例解析[M]．重庆：重庆大学出版社，2013.

[177]Mardia KV, Foster K. Omnibus Tests of Multinormality Based on Skewness and Kurtosis[J]. *Communications in Statistics-theory and Methods*, 1983, 12(2):207-221.

[178]Bollen K. *Structural Equations with Latent Variables*[M]. New York: JohnWiley & Sons, 1989.

[179]Doll W J, Xia W, Torkzadeh G. A Confirmatory Factor Analysis of the End-User Computing Satisfaction Instrument[M]. *MIS Quarterly*, 1994, 12(2),259-274.

[180]Hair J F, Anderson R E, Tatham R L, et al. *Multivariate Data Analysis*[M]. NJ: Prentice Hall, 1998.

[181]Fornell C, Larcker D F. Structural Equation Models with Unobservable Variables and Measurement Error: Algebra and Statistics[J]. *Journal of Marketing Research*, 1981, 18(3):382-388.

[182]Bagozzi R P, Yi Y. On the Evaluation of Structural Equation Models[J]. *Journal of the Academy of Marketing Science*, 1998, 16(1):74-94.

[183]Podsakoff P M, Mackenzie S B, Lee J Y, et al. Common Method Biases in Behavioral Research: A Critical Review of the Literature and Recommended Remedies[J]. *Journal of Applied Psychology*, 2003, 88(5):879-903.

[184]方杰，温忠麟，张敏强，等．基于结构方程模型的多重中介效应分析[J]．心理科学，2014，37（03）：735-741.

[185]陈瑞，郑毓煌，刘文静．中介效应分析：原理、程序、Bootstrap方法及其应用[J]．营销科学学报，2013，9（04）：120-135.

[186]MacCallum R C, Hong S. Power Analysis in Covariance Structure Modeling Using GFI and AGFI[J]. *Multivariate Behavioral Research*, 1997(32):193-210.

[187]周晓宏，郭文静．探索性因子分析与验证性因子分析异同比较[J]．科技和产业，2008（09）：69-71.

[188]陈宽裕，王正华．论文统计分析实务：SPSS与AMOS的运用[M]．台北：五南图书出版股份有限公司，2011.

[189]Cohen J. Statistical Power Analysis for the Behaviors Science[J]. *Technometrics*, 1998, 31(4): 499-500.

[190]Baron RM, Kenny DA. The Moderator–Mediator Variable Distinction in Social Psychological Research: Conceptual, Strategic, and Statistical Considerations[J]. *Journal of Personality and Social Psychology*, 1999, 51 (6) :1173-1182.

[191]叶兰．欧美数字素养实践进展与启示[J]．图书馆建设，2014（07）：17-22.

[192]何蕾．国际图联数字素养宣言[J]．图书馆论坛，2017，37（11）：1-4.

[193]杨旭．S市M县农村生态环境治理问题研究[D]．保定：河北大学，2021.

后记

从总体上来看，我国的就业形势仍然严峻，主要表现在以下两个方面：第一，就业人数总量持续攀升，供需矛盾依然存在。第二，就业结构性矛盾逐渐显现。其中，就业的结构性矛盾在高校毕业生中体现得最为显著，不是高校毕业生找不到满意的工作，就是用人单位招聘不到合适的人才。

大学生数字素养的培育是实现数字人才强国战略目标的关键一环。数字技术的快速发展对大学生的数字素养提出了更高的要求，同时大学生的数字素养也是影响大学生学习的关键因素。数字时代对大学生数字素养的要求主要体现在三个层面：第一，要求大学生在技能层面掌握更多的数字技术工具。第二，要求大学生不仅需要掌握信息查找、获取、管理或利用的技能，而且还需要培养大学生对各种数字技术的意识和态度，与数字技术和工具形成一种批判性的自治关系。第三，要求大学生能够将数字素养运用到具体的生活、工作、学习和创新场景中。

党和国家高度重视我国公民数字素养的培育和提升工作。在此背景下，探讨大学生的数字素养如何影响大学生的就业核心竞争力，已经成为研究探索高等教育实务工作的重中之重。基于此，笔者撰写了本书。

感谢为笔者的写作提供帮助的各位师友和前辈们，从构思到行文，你们都为笔者提供了大力的支持和帮助，你们真诚的意见和建议也给了笔者很大的启发。笔者还要特别感谢笔者的家人，是你们的默默鼓励和大力支持才使得笔者能够专心致志、潜心研究。感慨万千，书不尽言。寥寥数语，谨致谢意！